維摩佛學論著集

林 律 光 著

文史哲學集成
文史哲出版社印行

國家圖書館出版品預行編目資料

維摩佛學論著集/ 林律光著. -- 初版--臺北
市：文史哲，民 101.01
頁;公分（文史哲學集成；610）
參考書目：頁
ISBN 978-957-549-998-3（平裝）

220.7   100026313

文史哲學集成   610

維摩佛學論著集

著　　者：林　　　律　　　光
出 版 者：文　史　哲　出　版　社
　　　　　http://www.lapen.com.tw
　　　　　e-mail:lapen@ms74.hinet.net
登記證字號：行政院新聞局版臺業字五三三七號
發 行 人：彭　　　正　　　雄
發 行 所：文　史　哲　出　版　社
印 刷 者：文　史　哲　出　版　社
　　　　　臺北市羅斯福路一段七十二巷四號
　　　　　郵政劃撥帳號：一六一八○一七五
　　　　　電話886-2-23511028・傳真886-2-23965656

實價新臺幣三○○元

中華民國一百零一年（2012）一月初版

維摩佛學論著集

目　　次

序　一

讀史明志，篤學力行

漢高祖劉邦稱帝之初，認為自己是馬上得天下，《詩》、《書》沒有多大用處。大臣陸賈勸諫說：「（天下）馬上得之，寧可以馬上治乎？」「馬上」得天下，不可能以「馬上」治大卜的道理，深深地影響著歷代統治者的治國理念，「逆取順守，文武並用」，「行仁義，法先聖」，以儒治世，以佛治心，以道治身，被許多封建帝王奉為信條。然而，南北朝、元朝時期的一些帝王以佛治國時又走入到另一個極端。明太祖朱元璋針對元朝佛教遺留下來的弊端，對僧籍、僧官、度牒、寺院數量、寺產、戒律、修行、經文、外交等方面制定了一系列的規章制度，以法律的手段促使佛教在社會中扮演積極的角色。林律光博士在「論明太祖管理佛教之思想及政策」一文中，從正面高度評價朱元璋的佛教政策，其理論高度遠遠超出了許多學者以「限制」、「利用」來評價歷代統治者的佛教政策。更重要的是，林律光博士讀史以明志，說明朱元璋的佛教政策對後世，尤其是當今社會的影響力。更妙的是，若將上文與「太虛大師之佛法僧觀及其影響」一文放在一起研讀，我們不難發現作者的良苦用心：社會與佛教的良性互動，才能最大限度地發揮佛教在當今社會的功用，而健康的僧團弘揚適應時代的佛法，則是這種良性互動的基石。

　　林律光博士在佛學研究上所表現出的獨到見解，與他「篤學力行」的治學方法分不開。他自幼參禪問道，勤學不綴，先後就讀於香港能仁書院、香港教育學院、香港公開大學、香港道教學院、廣州中山大學研究院、香港中文大學研究院、香港大學研究院及廣州暨南大學研究院，所學內容從道教到佛教，從印度的空、有二宗到中國八宗，從文學到詩詞，從人物到典制，從義理到修持……可謂學貫古今，道通教內外。欣聞林律光博士多年來的研究心得，將編輯成《維摩佛學論著集》一書，出版流通，使讀者有緣一睹林博士在不同領域的真知卓見，無限歡喜。斯為序。

淨　因

二〇一〇年六月，於香港大學

編者按：作者乃香港大學佛學
研究中心總監

序 二

　　香港，雖然與中國大陸緊密相連，但因於特殊的歷史，難免西方文化之浸淫，自然也就成爲中西文化的交匯之地。無論是生活方式，行爲習俗，還是學術語言，較之內地，也就多了一些西方文化的色彩。在我的不無偏見的印象中，香港社會雖然一直提倡國學，但即使是教育當局也只是依"都都平丈我"（"鬱鬱乎文哉"的錯讀曹聚仁先生曾以此說香港）的方式展開教育的。日用人倫，學術方法，都向西方有太多的傾斜，不僅官方交流用英語，而且普通市民也用夾雜著粵語方言的洋涇浜式英語表現自我。學術界也不例外，不僅是語言、概念，甚至是思維方式，都有一種讓人感到不中不西的困惑，自然也就認爲像饒宗頤那樣具有深厚的傳統文化素養並且卓然成家的國學大師只能是鳳毛麟角，真正的爲往聖繼絕學不大可能同香港有緣，雖然也有很多專治中國學術的學者。不過，是林君律光及其學術成果糾正了我的偏見。

　　林君律光，生於斯，長於斯，是地地道道的香港青年學人。2009 年夏，余與之初識於孔子故鄉，結緣于兗州興隆塔下，繼又邀至天臺宗發祥地 ── 光山淨居寺，參加中日韓天臺學術對話。相聚匆匆，也只能說是"三面"之緣，但林君俊才英挺，深沉內斂，持重老成，恍惚間總有一種揮之不去的印象 ── 這是一位雖

然年輕，卻無名利羈絆，敬業而同學術有大因緣的學者。日前，林君來函，告余將有大作在臺灣付梓，囑余爲之序。既有前緣，結茲後果，余欣爲之賀，也欣然應命。

　　一般說來，香港青年人接受了較多的西方文化的教育，對中國文化難免陌生，但觀林君《維摩佛學論著集》，始料不及，而知其于傳統學術涉獵甚廣。從對佛教經典的比較詮釋，到佛教歷史的探討；從高僧大德佛學思想的剖判，到皇權對佛教管理的政策；從佛教對中國文化的影響，到中國古典文學，皆能獨出心裁，揮灑自如，尤其側重佛教同文學的關係，處處可見同其爲人一致的爲學風格——穩健與平實，以及隱於其中的淵博和透徹。當然，無論是內容，還是方法，都浸淫著中國文化的傳統色彩。

　　治中國學術，有文章、義理和考據之三學，三者不可缺一。治學需厘清三義：字面義、文本義和詮釋義，三者不可缺一。爲學有三難：淹博難、識斷難、精審更難。三學、三義是治中國學術的原則，三難是對學者的高層次的要求。所有這些原則和要求，從本質上講，同現代學術研究的規範、方法並無二致，但同趨之途，還是有明顯差別的。這裏恰恰體現的就是中國學術研究的特色。林君治學須臾不離此徑，以淹博爲前提，而有個人之識斷，並力求精審，對香港的青年學人而言，尤其難能可貴，而值得稱道。

　　是爲之序

　　　　　　　　　　　　　　　麻天祥　序於庚寅珞珈山櫻花時節
　　　　　　　　　　　　　編者按：作者乃武漢大學哲學學院教
　　　　　　　　　　　　　　　　　授、宗教學研究所副所長

自　序

　　昔余年少，喜念經咒，輒喜離家訪道，訪寺問僧，十有六歲，皈依青山寺當家安志法師門下習佛教教儀。半載，日誦經文熟背如流，並待於山中清修，逾一載矣。時於叢林，日習禪定，從不偏廢，雖有感應，不知所以？自此深覺解行並重，方能通禪，曾於三寶殿前，祈求指點迷津。未幾，道兄蔡玉輝來訪，謂余曰：「太子法相學會道場，有居士羅時憲教授，弘傳慈氏等學，妙語連珠，辯才無礙，並囑余同往參聽，吾允之。」羅師承傳太虛之精神，言尋真相，微博考精。余初涉經典，如瞎子摸象，茫無頭緒，於唯識之理，深感奧妙，時亦根基未穩，似懂非懂。一日，師曰，今後間雜開演宗喀巴《菩提道次第廣論・止觀品》，至解讀「九次第心時」，昔日止觀迷團，朗然豁通。自鹿苑初聽其言，親炙羅師研習佛理，從不間斷，屈指一算，已逾十年。蓋佛學，文廣而精博，義深而幽玄。夫法性虛寂，真諦玄凝，雖隨師矻矻窮年，漸有所悟，仍未極真如之旨，極其量鸚鵡學舌而已，更遑論窺覷堂奧乎，慚愧非常！雖然如此，經年多聞熏習，如理作意，亦深獲教益，使吾之人生觀茅塞頓開，有所目標。我師會通空有兩輪，大小二乘，一音振辯，桃李滿門，傳誦香江。常言道：道由人弘，法待緣顯；有道無人，雖文存而莫悟；有法無緣，雖並世而弗聞。所謂「人生難得今已得，佛法難聞今已聞。」今二者

俱得，足矣！

　　師常教誨，夫求學者，知而能好，好而能運，忌浮慕時名，莫置書於架上觀美，但圖多蓄，半束高閣，徒浣灰塵，為智者所不取，求學問者所遠之！其志之遠，其學之厚，其心之悲，望塵莫及矣！

　　是次篇幅，或參與國內外學術交流之文章，或刊於叢刊學報，內容乃屬佛教範疇。近月，將文稿略作整理，付梓出版。余粗涉經典，好學不精，慧根差稀，綴文繼作，寸觚莫展，故言理說義，僅堪覆瓿，豈足以傳世。袁宏道云：「人情必有所寄，然後能樂。」，故余之陋文，屬心靈之素養，為情有所寄，莫論名利，得其所以，不亦悅乎？

　　余樗朽之材，駑駘下乘，今荷蒙香港大學佛學研究中心總監淨因法師及武漢大學宗教學研究所副所長麻天祥教授兩位當世佛學名宿，為文撰序，幸矣！竊領量宇之高深，情誼之殷篤，勉勵之情，何以報乎？今後惟有矢慎矢勤，策愚鞭駑，弘法利生，倍加自勵，庶不謬諸師之明訓而耳。

　　流光易逝，恩情難再，別後縈思，無時或釋，願此書奉呈吾師羅公，永垂紀念，冀報鴻恩於萬一耳。祈願恩師早日再來人間，行菩薩道，度有緣人，綴數之言，是為序。

　　　　　　　　　　庚寅歲仲秋番禺林律光謹題於香江維摩居

〈天台智顗之五時八教說〉

提　要

　　天台宗甚具中國特色的佛教宗派，在我國佛教思想中，也是最先能夠發展成一個較完備和實質的宗派 ── 教觀兼備。其所彰顯的圓融二諦思想、三諦二觀、一念三千、十界互具、百界千如、性具善惡、五時八教……，充分表現天台宗的妙用。然而，追溯此宗的教史，天台宗首推印度龍樹爲鼻祖，而對中觀之《大智度論》等作品，甚爲重視。其後北齊慧文（二祖），南岳慧思（三祖）之傳承，至智顗時，充分發揮了龍樹中觀思想的特質，使天台宗哲學體系更臻完善，堪稱深邃而幽密，體大而思精，成爲中國佛教史上之創舉。

　　關鍵詞：天台　智顗　一心三觀　五時判教　三諦圓融

一、前　言

　　天台宗在中國經由慧文禪師讀中觀論：「因緣所生法，我說即是空，亦說爲假名，亦名中道義。」悟得真理 ──「圓融三諦」

¹。慧思又因讀，《大智度論》中之「三智一心²中得」，了悟「一心三觀」³。智顗在誦《法華經》之藥王品：「是真精進，是名真法供養如來」，在定中得「法華三昧」⁴。從此智顗逐步完成天台

1　圓融三諦：又作一境三諦、不次第三諦、不思議三諦。天台宗所說「空、假、中」三諦之前二諦係針對現象面所設立者，中諦則爲針對本體面各自獨立之真理所設立者；此三諦若彼此隔歷不融，前後互成次第，則稱隔歷三諦。圓融三諦則相對於隔歷三諦，即於一諦之中，具足三諦，交互融會，而無所謂個別說法。（參閱：《佛光大辭典》：〔金光明經文句卷二、卷四、卷五、摩訶止觀卷七上〕「三諦」684、「隔歷三諦」5695），頁 5415。

2　一心三智：指一心之中同時證得一切智、道種智、一切種智等三智之果。又作三智一心、不思議三智。天台宗謂修習空、假、中三觀，即可得三智；若依別教之次第三觀，則依序可得一切智、道種智、一切種智。但圓教之不次第三觀，則可於一心之中同得三智，稱爲一心三智。摩訶止觀卷五上（大四六・五五中）：「若因緣所生一切法者，即方便隨情道種權智。若一切法一法，我說即是空，即隨智一切智。若非一非一切，亦名中道義者，即非權非實一切種智。例上一權一切權、一實一切實、一切非權非實，遍歷一切，是不思議三智也。」大智度論卷二十七（大二五・二六〇中）：「一心中得一切智、一切種智，斷一切煩惱習。」昔北齊之慧文讀此文，豁然悟圓理之極致，以之授慧思，慧思以之傳智顗，智顗乃依之證得一心三觀、一境三諦等之圓理，遂成天台一宗之核心教義。（參閱：《佛光大辭典》：〔觀無量壽佛經疏妙宗鈔卷二、佛祖統紀卷六〕，頁 23。）

3　一心三觀：乃天台宗之觀法。爲天台宗基本教義之一。又稱圓融三觀、不可思議三觀、不次第三觀。一心，即能觀之心；三觀，即空、假、中三諦。知「一念之心」乃不可得、不可說，而於一心中圓修空、假、中三諦者，即稱一心三觀。此爲圓教之觀法，係不經次第而圓融者。

4　法華三昧：天台宗立有四種三昧，其中之半行半坐三昧又分爲方等三昧、法華三昧等二種。法華三昧坐，思惟諦觀實相中道之理。此法以懺悔滅罪爲主，故須於六時修五悔，即於晨朝、日中、日沒、初夜、中夜、後夜等六時，勤修懺悔、勸請、隨喜、迴向、發願等五悔。其法有三（一）身開遮，開用行、坐二儀而遮止住、臥二儀。（二）口說默，口誦大乘經典而不間雜其他事緣。（三）意止觀，分爲有相行、無相行二種。（1）有相行，依據勸發品，以散心念誦法華經，不入禪定，無論、坐、立、行，皆一心念誦法華文字，並於日夜六時懺悔眼、耳等六根之罪障。（2）無相行，依據安樂行品，入於甚深之妙禪定，觀照六根，以了達實相三諦之正空。（1017），知禮與異聞等十人，結修法華懺，誓於三年期滿，焚

宗之哲學體系，天台宗的基本精神以圓融爲目的，其中之判教論，在佛史上成就顯著，他的特色是代表中國佛教及其心態，代表民族思想之特性，代表消融精神之表現。故天台宗除判教之觀點外，更包含中國人的哲學思考、了解中國人及了解中國人之佛學。

二、正　文

（一）智顗的生平

　　智顗（538-597），字德安，俗姓陳。祖籍穎川（今河南許昌），爲避戰亂，遷徙南方，落腳於荊州華容（今湖北監利縣西北）。其父文韜武略，有「經國之才」之稱，有一定社會地位。他十八歲在湘州（今湖南省）果願寺從法緒出家後，依慧曠（534-613）學習及受具足戒。其後獨自往大賢山研究《法華三經》，而且深有所悟。陳元帝元嘉元年（560）仰慕慧思禪風，智顗往大蘇山跟慧思學習法華三昧。師徒初晤，份外投緣，智顗受教，日夜精勤，修習經典，前後七年，從不懈怠。一天誦法華經至藥王菩薩事品：「諸佛讚言：是真精進，是名真法供養如來」之文，豁然開悟，入法華三昧，經慧思印可，付以正法于智顗，並曰：

　　汝於陳國有緣。往必利益。思既遊南岳。顗便詣金陵。在瓦官八載。講法華經。梁陳大德。悉來請益。王侯止朝事

身供養法華經。（參閱：《佛光大辭典》：〔法華文句記卷二下、法華義疏卷十二（吉藏）、法華經玄贊卷十末、止觀輔行傳弘決卷二之二、法華傳記卷二、佛祖統紀卷六、隋天台智者大師別傳、四明尊者教行錄卷二〕，頁3396。）

來會。初開序品。[5]

指示他前往陳都金陵弘揚天台教義。

公元 575 年，正值北周武帝毀佛運動，僧侶為避禍難，紛紛逃至南方，使金陵佛教變得混亂。智顗因受此事刺激，加上對南方佛教界學風空疏之理由，經再三反思，於太建七年（575），退隱天台山潛修，經九年研習，奠定了天台教學之基石。

公元 585 年，陳後主禮請智顗重返建康。公元 589 年，隋朝一統天下，為安定人心，招攬智顗。公元 591 年，智顗為晉王授菩薩戒，楊廣在金城殿設千僧會，並賜「智者」名號。大師五十六歲訪故鄉荊州，於玉泉寺（今湖北省當陽市西郊）說《法華玄義》[6]及《摩訶止觀》[7]。

---

5 《大正新脩大藏經》第五十一冊 No. 2068《法華傳記》頁 0057a03（03）-0057a05（03）。

6 《法華玄義》：凡十卷（二十卷）。天台大師智顗在隋開皇十三年（593）於荊州玉泉寺講述，灌頂筆記。全稱妙法蓮華經玄義。略稱法華經玄義、玄義、妙玄。為法華三大部之一。收於大正藏第三十三冊。北宋天聖二年（1024），遵式奏請入藏。本書詳釋「妙法蓮華經」之經題，並說明法華經幽玄之義趣。（參閱：《佛光大辭典》，頁 3400。）
本書內容分七番共解、五重各說二部分。即於五重玄義（釋名、辨體、明宗、論用、判教）分通、別二門以釋之。通釋乃設標章、引證、生起、開合、料簡、觀心、會異等七科，以通解一部經之大綱，即所謂七番共解。別釋乃就前述五重玄義一一詳說之，稱為五重各說。第一釋名章，闡釋「妙法蓮華經」經題之五字，其內包含待絕二妙、瀅門與本門之妙等。第二辨體章，闡明諸法實相為本經之經體。第三明宗章，強調一乘真實，以一佛乘之因果為本經之宗旨。第四論用章，以斷疑生信、增道損生為經之作用。第五判教章，立五時八教之說，而以本經為超八醍醐、純圓獨妙之教。其內容列表如前頁。（參閱：《佛光大辭典》，頁 3400。）

7 《摩訶止觀》：凡十卷（或作二十卷）。天台大師智顗（538-597）講述於隋代開皇十四年（594），弟子灌頂（561-627）筆錄。又稱天台摩訶止觀。略稱止觀。收於大正藏第四十六冊。與法華玄義、法華文句合稱法華三大部。本書為智顗晚年所講述，亦為其著作中體系最圓熟之論書。書中詳說圓頓止觀之法，闡述智顗獨特之宗教體驗與宗教實踐。智顗為敘說

　　及後智者大師返回天台山，並於公云 597 年圓寂山中。其著作甚豐，計有《次第禪門》[8]、《覺意三昧》[9]、《六妙法門》[10]、《小止觀》[11]、《天台三大部》[12]……多不勝數。

以禪觀思惟體得超常識之宗教境界之蘊奧 —— 圓頓止觀，故將其具體實踐法分成總論略說（五略）與別論廣說（十廣），詳加解說。五略，指發大心、修大行、感大果、裂大網、歸大處等五段；十廣，指大意、釋名、體相、攝法、偏圓、方便、正觀、果報、起教、旨歸等十章；二者並稱五略十廣。（參閱《佛光大辭典》：〔大唐內典錄卷十、佛祖統紀卷二十五、唐大和尚東征傳、新編諸宗教藏總錄卷三〕，頁 6076。）

8　《次第禪門》：凡十卷。隋代天台智顗述，法慎記，其後灌頂再加編整。略稱禪波羅蜜。又作漸次止觀、次第禪門。收於大正藏第四十六冊。其內容乃於三種止觀中，詳說漸次止觀。凡分十大章：（一）修禪波羅蜜大意，（二）釋禪波羅蜜名，（三）明禪波羅蜜門，（四）辨禪波羅蜜詮次，（五）簡禪波羅蜜法心，（六）分別禪波羅蜜前方便，（七）釋禪波羅蜜修證，（八）顯示禪波羅蜜果報，（九）從禪波羅蜜起教，（十）結會禪波羅蜜歸趣。《佛光大辭典》：〔隋智者大師別傳、國清百錄卷四、止觀輔行傳弘決卷一之二、佛祖統紀卷二十五〕，頁 6838。

9　《覺意三昧》：謂於一切時中，一切事上，念起即覺，意起即修三昧。即天台宗所立四種三昧中之非行非坐三昧，於四種三昧中最為重要。大品般若經名覺意三昧，慧思稱為隨自意三昧。（參閱《佛光大辭典》：〔摩訶止觀卷二上、四教義卷十一〕，頁 6799。）

10　《六妙法門》：為天台宗所立。妙，指涅槃；入於涅槃之法門有六，故稱六妙門。此處特指六種禪觀，即：（一）數息門，數息（從一至十）攝心，為入定之要法，故為第一妙門。（二）隨息門，隨息之出入而不計其數，如此則禪定自易引發，故為第二妙門。（三）止門，心止而諸禪自發，故為第三妙門。（四）觀門，觀五陰之虛妄，破種種顛倒妄見，則無漏之方便智可因此開發，故為第四妙門。（五）還門，收心還照，知能觀之心非實，則我執自亡，無漏之方便智自然而朗，故為第五妙門。（六）淨門，心無住著，泯然清淨，則真明之無漏智因此而發，自然斷惑證真，故為第六妙門。六妙門中，前三門屬定，後三門屬慧，依此定、慧，即可獲得真正之菩提。（參閱《佛光大辭典》：〔六妙法門、法界次第初門卷上之下〕，頁 1265。）

11　《小止觀》：全一卷（或二卷）。又作修習止觀坐禪法要、坐禪法要、童蒙止觀。隋代智顗述。收於大正藏第四十六冊。本書係天台智顗大師為其俗兄陳鍼所述，為有關摩訶止觀之梗概及入道樞機之書。內容謂泥洹之法入門雖有多途，但論其捷便，則不出止觀二法。止為愛養心識之善資，觀即策發神解之妙術，故示此二法必須常均等圓備。次立十科，闡

（二）判教的意義

所謂判教，即謂教相判釋。天台宗在倡導止觀修行方法上，將南北學風加以統一，並建立具特色之判教體系。判教的意義在於將釋家所有佛典、佛說、內容、風格、形式等加以類別、疏理及會通，使其完整性及統一性。原因有二：其一，經典之出現時間、地點、義理、內容、所屬部派皆有分歧；其二，學者不斷鑽研，其研習重點有所不同，所依之三藏[13]經典亦各異，如涅槃、成實、地論、攝論等皆各自成一系統、據其自家經典作出整體闡釋，故易生偏頗，這便促成判教之興起。天台教學主要是發揚《法華經》的反思和融通精神，它直接為天台宗提供了理論上的依據，也能反映智顗教觀的整體特色。

（三）判教的緣起

判的教活動始於南北朝，可說是印度判教之延續。當時學說不一，並行不悖，混雜非常。據《佛祖統紀》記載：

「夫聖東度，經論遍弘，唯任己心，莫知正義。」[14]

因而形成中國佛教各個宗派。

說修習止觀之諸要領。十科即是：具緣、訶欲、棄蓋、調和、方便、正修、善發、覺魔、治病、證果等十章。（參閱《佛光大辭典》：〔入唐新求聖教目錄、傳教大師將來台州錄、新編諸宗教藏總錄卷三、東域傳燈目錄、諸宗章疏錄卷一〕，頁922。）

12　《法華文句》、《法華玄義》和《摩訶止觀》，合稱為《天台三大部》是天台宗基本教典。

13　三藏：又作三法藏。藏，意謂容器、穀倉、籠等。〈一〉指經藏、律藏、論藏。係印度佛教聖典之三種分類。

14　志磐：《佛祖統紀》卷6，《大正藏》第49卷，頁186中。

根據文獻資料顯示，劉宋道場寺慧觀是第一個最早展開判教的人。他將佛教分爲「頓教」和「漸教」兩大類。又將「菩薩具足顯現」的《華嚴經》判爲「頓教」，「始從鹿苑，終竟鵠林」的行者判爲「漸教」。「漸教」再開出「五時教」：（一）三乘別教[15]之小乘《阿含經》；（二）三乘通教[16]之《般若經》；（三）抑揚教[17]之《維摩經》及《思益經》；（四）同歸教[18]之《法華經》；（五）常住教[19]之《涅槃經》。這就是慧觀始作判教者之「二教五時」。教相判釋劉虬之後，一時稱盛。

慧觀以後，判教紛起，各師各說。天台宗智顗《法華玄義》記載：南北朝時已有「南三北七」[20]之判教，即南方代表性有三

---

15 指爲聲聞衆生說四諦，爲辟支佛演說十二因緣，爲大乘人說六度。又謂如四諦緣起經等，聲聞、緣覺、菩薩三乘之所共學。於中二乘未明法空，即是別相，故云三乘別教。（參見：明・一如《三藏法數》字庫。）
16 指《般若經》能通化三乘衆生。
17 指讚揚菩薩之悲願，抑挫聲聞之自利。
18 指主張會彼三乘，同歸一極。
19 指佛陀臨終說常住涅槃。
20 南北朝時，佛教所盛行的教相判釋之分類與體系。係天台宗之開創者智顗所整理的南地三師與北地七師之十種教判。法華玄義卷十上載，江南以佛陀說法形式有頓、漸、不定三教，其中對漸教有不同說法：（一）虎丘山岌師之有相、無相、常住等三時教。（二）宗愛、僧旻於上述常住教之前加同皈教，稱爲四時教。（三）定林寺之僧柔、慧次，及道場寺之慧觀等，於無相教之後，同皈教之前，加褒貶抑揚教，稱爲五時教。北地則有：（一）武都山劉俠立人天、有相、無相、同皈、常住等五時教。（二）菩提流支立半字、滿字等二教。（三）光統（慧光）立因緣、假名、誑相、常等四宗。（四）護身寺自軌加上法界宗，稱爲五宗教。（五）耆闍寺安廩立因緣、假名、誑相、常、真、圓等六宗。（六）某禪師立有相、無相兩種大乘教。（七）菩提流支（或謂鳩摩羅什）立一音教，謂佛以一音說法，衆生隨機緣不同而理解有異。上述之外，另有數種說法。例如天台宗批判上述教判而立五時八教判，光宅寺法雲亦依天台教判而採用南地之五時教與頓、漸、不定等分類。（參閱《佛光大辭典》：〔維摩經玄疏卷六、華嚴經疏卷一、法華玄義復真鈔卷六〕，頁 3734。）

家，北方則七家。南方之說，以佛說法之形式爲主；而北方之說，側重佛說法之內容，主要將一代教法參合時間之配列，就教理之深淺加以組織。

南北諸師，教相互判，有所不同。然而智顗洞悉諸師教相之共同點，爲「頓」、「漸」和「不定」三種。三種教相具體而言：

> 「謂佛最初說華嚴。如日初出。先照高山。故名頓教。第三判三種教者。亦有三家。一南中三教。謂齊朝已後。江南諸師。立此三教。判如來一代所說之法也。一漸教。二頓教。此全同劉[乳-孚+虫]。但加不定教。由漸中先小後大。而央崛經。六年之內即說。為遮此難。故立不定。」[21]

其實在「頓」、「漸」、「不定」三種教相中，江南三家除「漸」教外，大致相同。而江北七家之特點在於展示「圓教」，並以「華嚴」爲圓教之初。天台宗主張教觀並重，智顗說：

> 「教從觀起，觀還從教起。」[22]

如此解釋佛的方法名爲「判教」。智顗在「法華玄義」網羅一時代之判教，更概括爲「南三北七」之說，並在各家教判之基礎上，創立天台宗之「五時八教」之判教理論。

（四）智顗的判教

判教的觀念在智顗作品中最常見的是「五味」、「五時」、「三教」和「四教」，而「五時八教」是後人總結智顗的判教理論的結果。雖然「五時八教」一詞非智者所創，但是智者爲天台

---

21 《卍新纂續藏經》第二十冊 No. 365《大乘本生心地觀經淺註懸示》，頁0856c09（00）－0856c14（05）。
22 《四教儀》卷 1。

判教打下了基石，日後歷經數代天台祖師而集之上乘。智者之判教思想在《法華文句記》、《法華玄義釋籤》、《止觀輔行傳弘決》仍可窺見，唯出現一次而已。如《法華文句記》記載：

> 「今用五時八教相入。方成一實。一一時中橫豎間雜。唯至法華諦智純一。」[23]

又如《法華玄義釋籤》曰：

> 「雖復施權，本為于實，種種道者，即兩教因入別教教道，五時八教，故云種種。」[24]

從以上兩段經文得知，各家判教未能「諦智純一」，唯獨《法華》能開權顯實，達其目的。

1.「五時八教」

智顗將南北朝之判教概括為「南三北七」合共十家，並在其基礎上，提出了新的判教理論 —— 五時八教。「五時」是依《涅槃經》裏佛所展示教法猶如牛乳「五味」（乳、酪、生酥、熟酥、醍醐）的譬喻所建立而成的。佛陀在說法中，為照顧各眾生之根器，常應機施教，或開權，或顯實。在《華嚴經》中則以：

> 「日出先照高山，次照幽谷[25]，後普照平地」[26]

依出現之次序來比喻佛陀之說法。智顗將佛陀傳教的歷史分為五個階段。然「五時」與「五味」兩者有着相互關係，故先言「五味」，後談「五時」及「八教」。

23　《大正新脩大藏經》第三十四冊　No. 1719《法華文句記》，頁 0212c21（01）-0212c22（05）。

24　湛然：《法華玄義釋籤》，《大正藏》卷 33，頁 816。

25　幽谷：喻為小乘。

26　《摩訶止觀》卷 7，《大正藏》卷 46，頁 90。

2.「五味」

智顗判別佛說之教法是以「五味」的觀念爲基礎，而「五時判教」是根據《涅槃經》之「五味」之喻提出的，經云：

> 「善男子！譬如從牛出乳，從乳出酪，從酪出生酥，從生酥出熟酥，從熟酥出醍醐。醍醐最，上若有服者，眾病皆除，所有諸藥悉入其中。善男子！佛亦如是。從佛出生十二部經，從十二部經出修多羅，從修多羅出方等經，從方等經出《大涅槃經》，猶如醍醐。」[27]

根據經文之內容，勾劃出提煉牛乳之過程與五類佛典及五種修行者之根器拉上相連之關係，有甚濃之判教味道。智顗承襲五味之架構，清楚地劃分各所代表之經典和不同之階段，成爲日後天台五時。

3.「五時」

所謂「五時」，其實按佛說法之經典及先後時間作出安排。簡言之，是佛陀成道以後，針對眾生不同根器而施教法。智者將其分爲五個階段：（1）華嚴時、（2）阿含時、（3）方等時、（4）般若時、（5）法華涅槃時，這就是五時。現分述如下：

第一華嚴時（乳味）：佛成道後，於寂滅道場，現「盧舍那身」[28]，在金剛王座，說極妙法 ——《華嚴經》，宿世根熟之天龍八部[29]，圍繞其中，信受作禮。唯小乘根器者，如雲籠月，如

---

27 北本《涅槃經》卷 14〈聖行品〉，《大正藏》第 12 冊，頁 449。
28 盧舍那身：梵名 Vairocana。爲佛之報身或法身。又作毘盧遮那、盧舍那、流舍那、淨滿。各宗說法不一。
29 又稱八部眾。即：天、龍、夜叉、阿修羅、迦樓羅、乾闥婆、緊那羅、摩睺羅迦。爲守護佛法而有大力之諸神。八部眾中，以天、龍二眾爲上首，故標舉其名，統稱天龍八部。〔無量壽經卷上、法華經卷四〕（參閱《佛光大辭典》：「八部眾」296，頁 1368。）

聾如啞，未能獲益，如從牛出乳，比擬之為乳味。故經云：

> 「復次，佛子！譬如日出，先照一切諸大山王、次照一切
> 大山、次照金剛寶山、然後普照一切大地。」[30]

其義為佛先教化上根利智之人，令其速悟圓頓之教。可惜大眾根機不足，未能領受，於是佛陀改用漸法之阿含，方等諸經，令其悟入。

第二阿含時（酪味）：又稱鹿野時，第一時說，其意高遠，微妙難知，部份弟子，未能契入，離坐而去。鹿野苑時，依《阿含經》，闡述四諦及無常教義，令二乘人等趣入佛法。如乳轉化為酪，故名酪味。故經云：

> 「次照幽谷。淺行偏明當分漸解。此如三藏。」[31]

又云：

> 「若說四阿含。增一明人天因果。中明真寂深義。雜明諸
> 禪定長破外道。」[32]

意思是說，佛陀為針對眾生根機，及為其演說淺近理論與修法，以便初學者易於明白及接受。

第三方等時（生酥味）：鹿野苑是引鈍根者入道之權宜之法，故進而為他們說各大乘經典，如《維摩》、《楞伽》、《金光明》、《思益》、《深密》，不令其滯於小乘，故彈偏斥小，歎大褒圓，以激發二乘人回小向大之心。這時四教俱說，藏為「半」字教，

---

30 《大正新脩大藏經》第九冊 No. 278《大方廣佛華嚴經》，頁 0616b14（00）-0616b16（01）。

31 《大正新脩大藏經》第三十三冊 No. 1716《妙法蓮華經玄義》，頁 683b15（03）-0683b16（04）。

32 《大正新脩大藏經》第三十三冊 No. 1716《妙法蓮華經玄義》，頁 0800b02（00）-0800b04（06）。

通、別、圓爲「滿」字教，使小乘行者，趨於大乘。經云：

> 「……今之方等者四教俱說事方等也三諦俱談理方等也若
> 理方等五時之中唯除鹿苑餘皆有之以諸大乘悉談三諦故云
> 大乘方等經典若事方等正唯在於第三時也良由華嚴只談圓
> 別鹿苑漸初但明三藏般若漸終在通別圓此等三時所說法門
> 且不普廣委明四教唯第三時四教俱說獨彰方等良有以
> 也……。」[33]

又云：

> 「若諸方等折小彈偏歎大褒圓。慈悲行願事理殊絕。」[34]

此時行者，心志漸熟，好比烹酪而成生酥，故名生酥味。

第四般若時（熟酥味）：小乘眾生經方等時的彈呵，深明佛
法之微妙，唯尚有法執。此時佛陀爲他們說《摩訶般若》、《金
剛般若》、《天王問般若》、《光贊般若》、《仁王般若》等經，
闡述無真實法生，無真實法滅，一切法皆空之理，經云：

> 「大人蒙其光用嬰兒喪其睛明。夜遊者伏匿。作務者興成
> 故。文云。但為菩薩說其實事。而不為我說斯真要。」[35]

意思是說：《般若經》之基本精神爲「淘汰」[36]與「融通」[37]。
小乘行者經過融通、淘汰之洗禮，使之明白中道實相。又云：

> 若般若論通則三人同入。論別則菩薩獨進。廣歷陰入盡淨

33　《卍新纂續藏經》第五十七冊　No. 976《四教儀集解》，頁 540a121908。
34　《大正新脩大藏經》第三十三冊　No. 1716《妙法蓮華經玄義》，頁 0800b06
　　（05）。
35　《大正新脩大藏經》第三十三冊　No. 1716《妙法蓮華經玄義》，頁 0683b26
　　（02）-0683b28（01）。
36　淘汰者：遣蕩相著也。
37　融通者：統會歸於大乘融化於實相一相，所謂無相也。

虛融。」[38]

即謂佛爲顯示中道實相及大乘空宗之理而宣講《般若》類經典。

佛陀除爲三乘人弘宣「共般若」，也同時爲菩薩說「不共般若」；前者爲小乘「半」教，後者則爲大乘「滿」教，「半」教是通往大乘「滿」必經之路。這時受教者心悅誠服，如將生酥轉化爲熟酥，故名熟酥味。

第五法華涅槃時（醍醐味）：法華涅槃指佛說法之最後階段，其宣講之經典是《妙法蓮花經》和《大般涅槃經》。般若時，佛雖演說大乘教法，唯機與教尙未完全合一，小乘行者仍存障礙，難聞至道。至法華時，佛見行者根利障除，條件成熟，於是開演大乘之經 ——《法華經》，使行者明白「開權顯實」[39]、「會三歸一」[40]，故爲究竟圓滿之教。經云：

> 「日光普照高下悉均平。土圭測影不縮不盈。若低頭若小音。若散亂若微善皆成佛道。 不令有人獨得滅度。皆以如來滅度而滅度之。」[41]

---

38 《大正新脩大藏經》第三十三冊 No. 1716《妙法蓮華經玄義》，頁 0800b07（02）-0800b08（00）。

39 開權顯實：開除權教之執著，顯示眞實之義。即開除三乘之權便，顯示一乘眞實之義。此係天台宗對於法華經所作之判釋。謂法華經以前之諸經乃應未熟之機根而設，爲權便之法，實欲引眾生入眞實之教；以權便之法顯眞實之義，故稱開權顯實。

40 會三歸一：又稱會三入一。即開三乘之方便歸入一乘之眞實。天台宗謂，佛於法華以前之諸經，說聲聞、緣覺、菩薩等三乘，此係應未熟之根機而方便施設者，故未開顯眞實以前爲權法；逮根機圓熟，則爲之開顯一乘，若隔歷之情執脫落時，則權即實，三即一，是爲唯一佛乘。如此開三乘會歸入一乘，稱爲會三歸一。

41 《大正新脩大藏經》第三十三冊 No. 1716《妙法蓮華經玄義》，頁 0683c02（07）-0683c04（06）。

　　佛陀只談「滿教」而不說「半教」，使三諦圓融，妙理現前，無明息止，行者便進入「法華三昧」和涅槃境界。經云：

> 「是時無明破中道理顯。其心皎潔如清醍醐。即是從於熟
> 蘇轉出醍醐。為第五時教也。」[42]

　　此時，受教者內心皎潔，清純無染，如將熟酥製成甘妙之醍醐，故名醍醐味。

　　五時判教是佛依眾生根性，因材施教，使眾生受益，於時序次第皆不執著。智顗依各經之說，按其要義，主觀安排。他說：

> 「大章第五釋教相者。若弘餘經不明教相。於義無傷。若
> 弘法華不明教者。文義有闕。但聖意幽隱教法彌難。」[43]

　　智顗又用了農夫的譬喻來說明第五時《法華經》與《涅槃經》並列之原因。他說：

> 「又燈明佛說法華經竟。即於中夜唱入涅槃。彼佛一化。
> 初說華嚴後說法華。迦葉佛時亦復如是。悉不明涅槃。皆
> 以法華為後教後味。今佛熟前番人。以法華為醍醐。更熟
> 後段人。重將般若淘汰方入涅槃。復以涅槃為後教後味。
> 譬如田家。先種先熟先收。晚種後熟後收。法華八千聲聞。
> 無量眾生菩薩。即是前熟果實。於法華中收更無所作。」[44]

　　佛演說《法華經》後，恐鈍根者起斷見之解，故入滅前複述各說，何況根器有先熟後熟之別，故將《涅槃經》同列於第五時。

42　《大正新脩大藏經》第三十三冊　No. 1716《妙法蓮華經玄義》，頁 0808c25
　　（06）-0808c26（05）。

43　《大正新脩大藏經》第三十三冊　No. 1716《妙法蓮華經玄義》，頁 0800a19
　　（00）-0800a21（03）。

44　《大正新脩大藏經》第三十三冊　No. 1716《妙法蓮華經玄義》，頁 0808a23
　　（03）-0808a29（00）。

智顗之五時判教將大小乘經典共冶一爐，明顯地有調和色彩，彼此消除理論上的矛盾性，使各經在某種程度上獲得合理之位置，其形式上雖有別於南方教界，仍具有其獨特性，蓋因南方諸師只說漸教之別，而智顗則通於漸頓，又不同於《法華》之非頓非漸，可見一斑。

4.「八教」

八教分「化儀四教」和「化法四教」。釋尊成道後，按眾生根機性質，臨機應變，演說法音。故八教為實施權的方法。智顗認為，佛一生說法，唯大乘一味，但眾生領悟力各異，故有形式不同。他說：

> 「夫眾生機緣不一。是以教門種種不同。經云。自從得道夜乃至泥洹夜。所說之法皆實不虛。仰尋斯旨。彌有攸致。所以言之。夫道絕二途。畢竟者常樂。法唯一味。寂滅者歸真。」[45]

而所謂「化儀」，「化法」之別，智者認為，通過這些方式和法門，可帶領不同眾生進入「圓融三諦」[46]之寶藏。《天台入教大意》云：

> 「前佛後佛。自行化他。究其旨歸。咸宗一妙。佛之知見。但機緣差品應物現形。為實施權故分乎八。頓漸祕密不定

---

45 《大正新脩大藏經》第四十六冊 No. 1929《四教義》，頁 0721a06（00）-0721a09（02）。

46 圓融三諦：又作一境三諦、不次第三諦、不思議三諦。天台宗所說「空、假、中」三諦之前二諦係針對現象面所設立者，中諦則為針對本體面各自獨立之真理所設立者；此三諦若彼此隔歷不融，前後互成次第，則稱隔歷三諦。圓融三諦則相對於隔歷三諦，即於一諦之中，具足三諦，交互融會，而無所謂個別說法。（參閱《佛光大辭典》：〔金光明經文句卷二、卷四、卷五、摩訶止觀卷七上〕，頁 5415。）

化之儀式。譬如藥方。藏通別圓所化之法譬如藥味。」[47]

化儀四教，譬如藥方;化法四教，譬喻葯味，天台大師將這八教，判釋東流一代的金藏。

5.「化儀四教」

第一頓教：佛成道後，初演大乘，不說方便、不歷階段，直趣菩提，故云頓教。如大鵬一舉萬里，利刀一截千紙，所以說「初發心時，便成正覺」。《天台八教大意》中說：

> 「初言頓者。從部得名即華嚴也。佛垂跡化塵劫巨量因。壽倍之果寧可喻。且從今日一期降生託陰摩耶。主伴互為唯資大法。譬如日出先照高山。機不經歷故名為頓。約譬次第。以初譬初名為乳味。」[48]

佛在《華嚴經》中說法，是將自己的悟境直接演化出來，其說法的方式是頓速的，如日出先照大地，大根機人，可不歷次第，而直趣菩提。

智顗又云：

> 若華嚴七處八會之說。譬如日出先照高山。淨名中唯嗅薝蔔[49]。大品中說不共般若。法華云但說無上道。又始見我身聞我所說。即皆信受入如來慧。若遇眾生盡教佛道。涅槃二十七云。雪山有草名為忍辱。牛若食者即得醍醐[50]。又云。我初成佛。恒沙菩薩來問是義。如汝無異。諸大乘

---

47 大正新脩大藏經　第四十六冊　No. 1930《天台八教大意》，頁 0769a12（00）-0769a15（00）。

48 《大正新脩大藏經》第四十六冊　No. 1930《天台八教大意》，頁 0769a15（00）-0769a20（05）。

49 「薝蔔」：一種香花，用它比喻佛的功德。

50 「醍醐」比喻受聽者能獲佛性。

經。如此意義類例皆名頓教相也。非頓教部也。二漸教相者。如涅槃十三云。從佛出十二部經。從十二部經出修多羅。從修多羅出方等經。從方等經出般若。從般若出涅槃。如此等意即是漸教相也。」[51]

這裡所引各經典之譬喻及觀念是直指佛陀究竟之說。故知智顗的「頓教」即「圓教」、「滿教」。

第二漸教:為小乘漸機說教,從淺入深,由卑昇高,名漸。如登梯般,按步上揚,由於小乘根器,難明圓頓一乘妙法,故佛先為他們說阿含、方等、般若,按部就班,引入佛之知見。《天台八教大意》中說:

「次從鹿苑至于般若名為漸教。」[52]

智顗又說:

「釋從佛出十二部經從十二部經出脩多羅從脩多羅出方等經從方等經出波若從波若出涅槃……。」[53]

這是佛為淺根的人循序漸進之法門,從最淺之人天乘到最究竟之一佛乘,行者須經歷次第之修學,才能修成正果。

第三秘密教:佛以神通力為一機一緣說法,同座聽法,得益各異,故名秘密。《天台八教大意》中說:

「同聽異聞互不相知名祕密教。」[54]

---

51 《大正新脩大藏經》第三十三冊 No. 1716《妙法蓮華經玄義》,頁 0806a24（00）-0806b04（01）。

52 《大正新脩大藏經》第四十六冊 No. 1930《天台八教大意》,頁 0769a24（05）。

53 《大正新脩大藏經》,第三十七冊 No. 1763《大般涅槃經集解》,頁 0493a11（48）。

54 《大正新脩大藏經》第四十六冊 No. 1930《天台八教大意》,頁 0769b14（06）。

　　佛陀對不同根機之眾生，在同一場合，演說妙音，分別說秘密教法，使受教者互不相知，均是如來身口意之不思議力量。故佛說法之深淺本無定法，只因眾生根性不同而有所差別。又如《維摩詰經》記載：

「如來一音演說法，眾生隨類各得解，或歡喜，或生善，或滅惡，或入理」其所獲的「悉檀」[55]利益不盡相同，秘密教之意趣即在此。

　　第四不定教：佛在一會說法，並說大小乘，但是同坐異聞，互相了知，而各領解卻不定，故言不定教。《天台八教大意》中說：

「同聽異聞彼彼相知名不定教。」[56]

　　如妙玄云：

「不定教者此無別法但約頓漸其義自明今依大經二十七云置毒乳中乳即殺人酪酥醍醐亦能殺人此謂過去佛所嘗聞大乘實相之教譬之以毒今值釋迦聲教其毒即發結惑人死然立難者今明置毒約行五味中為通五味為局眾生心乳中若通五味妙玄那云久遠劫來說實相毒置於眾生心乳又大經云實不置毒於醍醐中若局乳味止觀那云置毒乳中乳即殺人乃至置毒醍醐亦能殺人於此二途如何判決。」[57]

　　智顗採用《涅槃經》毒發不定之譬喻而彰顯行者覺悟的根緣。因智顗說不定教是「別法，但約漸頓」，突出了漸教中不同階段之教說。

---

55 又作悉旦、悉談、肆曇、悉檀、七旦、七曇。意譯作成就、成就吉祥。
56 《大正新脩大藏經》第四十六冊 No. 1930《天台八教大意》，頁 0769b15。
57 《卍新纂續藏經》，第五十七冊 No. 966《台宗精英集》，頁 0244b09154。

6.「化法四教」

這如世間的藥味，約義理之淺深而分，是天台宗進行教義宣傳的指導性原則及判教之核心部份。化法四教者，以言教而詮理，以化轉物心，令一切眾生轉惡為善，轉迷成悟，轉凡為聖，是佛化益眾生的法門。它們是藏、通、別、圓四教。

第一藏教：又稱三藏教，小乘教。此三藏各含文理，故稱為藏。正如《天台八教大意》中說：「此之三藏，三乘同須，戒防身口，經多詮定，論多辯慧。」[58]

藏教依三乘分別，生滅四諦（聲聞乘），思議生滅十二因緣（辟支佛乘）和事之六度萬行（菩薩乘）依「七種二諦」[59]分別，便是實有二諦，因其未涉心性本體及真如，為小根人所立，故言小乘三藏教，智顗對此有所論述：

> 「所言「苦」者，逼切為義。無常三相，逼切色心，故名
> 為「苦」；審實不虛，名之為「諦」。所言「集」者，招

---

58 《大正新脩大藏經》第四十六冊 No. 1930《天台八教大意》，頁 0769c02（07）。

59 七種二諦：真俗二諦有七種之別。即：（一）三藏教之二諦，以陰入界等實法而成之森羅萬品為俗諦，滅此俗諦所會之理為真諦；即承認諸法實生實滅，故又稱實有二諦、生滅二諦。（二）通教之二諦，以幻有為俗諦，幻有即空為真諦；即不承認實生實滅，又稱無生滅二諦。（三）別接通之二諦，以幻有為俗諦；別接通之人稟通教之法，見但中之理，接入別教，其所見為真諦，即以幻有即空、不空為真諦；又稱單俗複真二諦、幻有空不空二諦。（四）圓接通之二諦，俗諦同通教；圓接通之人稟通教之法，見不但中之理，接入圓教，以其所見為真諦，即以幻有即空不空、一切法趣空不空為真諦。（五）別教之二諦，以幻有、幻有即空為俗諦，不有不無之中道為真諦。（六）圓接別之二諦，俗諦同前之別教，圓接別之人稟別教之法，悟入不但中之理，接入圓教，以其所見為真諦，即合但中、不但中為真諦。（七）圓教之二諦，以幻有、幻有即空為俗諦，一切法趣有、趣空、趣不有不空為真諦。（參閱《佛光大辭典》：〔北本大般涅槃經卷十三聖行品、法華經玄義卷二下、大般涅槃經疏卷十五〕），頁 114。）

聚為義。煩惱業合，能招聚生死苦果，故名為「集」；審實不虛，名之為「諦」。所言「滅」者，滅無為義。無有子果二縛，故名為「滅」；審實不虛，名之為「諦」。所言「道」者，能通為義。戒、定、智慧，能通至涅槃，故名為「道」；審實不虛，名之為「諦」。此是生滅四諦。」[60]

三藏教說大量引用一切「有部」[61]論書判定其「有」門和「空」門，但智顗又非常強調不可盡依論書之「法有」和「析空」，其主張為真實義。

第二通教：通是融通，可通前藏教及後別圓教。此教能通達利益菩薩、緣覺及聲聞三種人，可謂「三乘同稟」，故名為通「」。《天台八教大意》中說：

「次明通教。通者同也。此教三乘因果大同故名通教。故經云。欲得三乘當學般若。論云。聲聞及緣覺解脫涅槃道皆從般若得。」[62]

通教能詮「無生四諦」[63]、十二因緣、六度等，證無生真理

---

60 《摩訶止觀》卷 10 上，《大正藏》第 46 冊，頁 132 下、133 中-下。

61 有部，全稱聖根本說一切有部。為小乘二十部之一。音譯作薩婆阿私底婆地、薩婆帝婆、薩婆多。意譯作一切有、一切語言。又有部宗、有宗。屬上座部之一派。主張三世一切法皆為實有，故稱有部。大多分布於古印度西北迦溼彌羅、犍陀羅等地，曾盛極一時。主要以阿毗達磨諸論書為依據。（參閱《佛光大辭典》：〔異部宗輪論、三論玄義〕「說一切有部」5919），頁 2442。

62 《大正新脩大藏經》第四十六冊 No. 1930《天台八教大意》，頁 0770c12（01）-0770c14（01）。

63 無生四諦：我國天台宗智顗所立四種四諦之一。又作無生滅四諦。天台宗判立藏、通、別、圓四教，無生四諦係通教之說，認為因緣諸法，悉皆幻化，當體即空而無有生滅，以此觀苦、集、滅、道四諦，故稱無生四諦，以別於藏教之「生滅四諦」。（一）苦諦，謂觀一切生死皆空，而無逼迫之相。（二）集諦，謂觀一切惑業皆空，無有和合，不生苦果。（三）滅諦，謂觀因緣諸法皆空，昔本無生，今亦無滅。（四）道諦，道，即戒定慧之

為究竟。智顗綜述如下：

> 「信無生「苦」諦者，信五陰，十二入，十八界不生，皆
> 如幻化，如夢、響、水月、鏡像，畢竟空無所有，有是則
> 解無苦。苦雖無苦，若不知無苦，則為苦所苦，名曰愚夫；
> 若知無苦，此則無苦，而有真諦。信無生「集」諦者，了
> 一切煩惱業行，皆如夢、幻、響、化、水月、鏡像，畢竟
> 空無所有，無和合相。若不知無所有，則有結業流轉；故
> 知無所有，是則解集無集。是故無集，而有真諦。信無生
> 「滅」諦者，知一切生滅之法，皆不可得；設使有法過於
> 涅槃，亦如夢、幻、響、化、水月、鏡像、本自不生，今
> 亦無滅。若不知不生不滅，則生滅終不自滅；若知不生不
> 滅，則生滅自然而滅。是則無滅，而有真諦也。信無生「道」
> 諦者，信一切至涅槃道，皆如夢、幻、響、化、水月、鏡
> 像，無有二相，是則不見通與不通。若見有二相、有通不
> 通，則無明壅塞，若知不二之相，不見通與不通，則任運
> 虛通，入第一義。」[64]

由此得知，通教主張一切事物如鏡花水月，畢竟空無，皆不
可得。通教通過說「無生四諦」構成六道輪迴之苦等，皆看作「無
生」，徹底體現大乘空觀之特性。智顗以空的觀念遣除一切別相，
又能容納他們，可見智顗對般若學及中觀學甚為了解。

第三別教：此教與前通教有異，是獨為菩薩所修學的法門。
其教、理、智、斷、行、位、因、果八法，不同於前藏、通二教，

道。謂觀一切道行皆空，能治之道泯亡不存。（參閱《佛光大辭典》：〔法
華玄義卷二下、天台四教儀集註卷上、卷下〕「四諦」1840），頁5078。）
64 《四教儀》卷八，《大正藏》第46冊，頁748中-下。

也別于後面的圓教。《天台八教大意》中說：

> 「次明別教者。此教明界外獨菩薩法。教理智斷行位因果。別前二教。別後圓教。故名別也。」[65]

別教能詮無量四諦、十二因緣、六度十度等法。智顗說：

> 此教詮無量四諦（苦有無量相。十法界不同故。集有無量相。五住煩惱不同故。道有無量相。恒沙佛法不同故。滅有無量相。諸波羅蜜不同故亦詮不思議生滅十二因緣（枝末無明為分段生因根本無明為變易生因）亦詮不思議六度十度（於第六般若中。復開方便願力智四種權智。共成十度。一一度中。攝一切法。生一切法。成一切法。[66]

別教的因，依空、假、中三觀修習，觀一切法俱是空、假、中三諦，親見不思議理性，次第修此三觀，稱「次第三觀」。別教的果，不住空、假二邊，體自寂滅，無住涅槃。

第四圓教：圓是圓融、圓滿，圓滿融通、真實。《天台八教大意》中說：

> 「次略明圓教者。圓名圓妙。華嚴法界廣大。淨名入不二法門。般若最上之乘。涅槃一心五行等。並圓妙法也。此等圓妙一理無他兼帶半滿。」[67]

三諦圓融名圓，不可思議名妙。此教祇教化上根利智之菩薩，以中道實相為目的，「無作四諦」[68]等。智顗說：

---

65 《大正新脩大藏經》第四十六冊 No. 1931《天台四教儀》，頁 0778a24（00）-0778a26（03）。

66 《大正新脩大藏經》第四十六冊 No. 1939《教觀綱宗》，頁 0940b13（10）-0940b16（53）。

67 《大正新脩大藏經》第四十六冊 No. 1930《天台八教大意》，頁 0772a02（04）-0772a05（00）。

68 無作四諦：為天台宗智顗大師所立四種四諦之一。此係圓教之說，主張

> 「又玄義云。以迷理故。菩提是煩惱。名集諦。涅槃是生
> 死。名苦諦。以能解故。煩惱即菩提。名道諦。生死即涅
> 槃。名滅諦。即事而中。無思無念。無誰造作。故名無作。
> 亦名一實諦。一實諦者。無虛妄。無顛倒。常樂我淨等。
> 是故名為無作四聖諦。[69]

　　他將苦、集、滅、道看作一事兩面。如菩提即煩惱，煩惱即
菩提，作如是觀，徹底化解一切分別。圓教的因，是一心三觀，
剎那一念，即其三千，依此而修，可證「三德涅槃」[70]，便獲圓
教之果。

三、總　結

　　天台大師創五時八教，其判教學說直接體現《法華經》旨趣，
也充份反映出「圓教」的圓融精神。五時與五味，五時與八教相
互涵攝，八教中的化儀與化法四教又互相兼融，而權宜方便，亦
各據其理，將「圓教」之「皆約真如實相、佛性涅槃」、「種種

迷悟之當體即為實相；認為大乘菩薩圓觀諸法，事事即理而無有造作。
（一）苦諦，謂觀五陰、十二入等法皆即真如，實無苦相可捨。（二）集
諦，謂觀一切煩惱惑業，性本清淨，實無招集生死之相可斷。（三）滅諦，
謂觀生死、涅槃，體本不二，實無生死之苦可斷，亦無涅槃寂滅可證。（四）
道諦，謂觀諸法皆即中道，離邊邪見，無煩惱之惑可斷，亦無菩提之道
可修。〔參閱《佛光大辭典》：〈法華經玄義卷二下、天台四教儀集註〕，
頁 5087。〕

69　《大正新脩大藏經》第四十八冊　No. 2016《宗鏡錄》，頁 0839c11（01）
-0839c16（00）。
70　涅槃經所說大涅槃所具之三德：一、法身德，為佛之本體，以常住不滅
之法性為身者。二、般若德，般若譯曰智慧，法相如實覺了者。三、解
脫德，遠離一切之繫縛，而得大自在者。

法門、行位階級，無不與實相相應，攝一切法，從初一地無不具
足一切諸地。」發揮得淋漓盡致。智顗的天台「五時八教」，經
歷代天台宗師加以發揮及闡述，成爲體系之重要部分，諦觀說：

> 「天台智者大師。以五時八教。判釋東流一代聖教。罄無
> 不盡。」[71]

他爲天台判教作出了客觀而平實之評論，爲「五時八教」作
出了清楚之脉絡，因此成爲天台教學之正統。

---

71 《大正新脩大藏經》第四十六冊 No. 1931《天台四教儀》，頁 0774c13
（00）-0774c14（06）。

〈太虛大師之佛法僧觀及其影響〉

提　要

太虛大師乃近代高僧，早懷壯志，弘教興學，一生以改革佛教僧團及推行現代化教育爲其鵠的，益見大師弘法利生之悲智，此外大師著作甚豐，而所涉之層面幾乎無所不包，其學識之博大，思想之宏構爲近代學僧之表表者。本文只從大師對佛法僧之看法及其貢獻略抒己見而已。然大師之一生波濤萬丈，其思想及修爲耐人尋味，非本文能窺全豹。

關鍵詞：太虛太師　人間佛教　革新佛教

一、前　言

太虛大師是中國現代佛教史上最具代表之人物，他不獨推行佛教僧團及教育走向現代化，而且極力提倡「人生佛教」。太虛說：

> 「建設人間佛教」、「改造人間淨土」，宣傳已是好久了……終不能實現，而祇是成了一種空喊的口號……本人覺得非常慚愧和悲哀，因爲把事實拿來和理論一比較，百千萬分不曾達到一分，的確成了空喊的口號……確知佛法有此功

德，足以救濟人類的痛苦……而事實上偏又做不到，這是
何等使人慚痛的事！」[1]

太虛大師認爲人生佛教的意義在於「契理」[2]和「協機」[3]。
即堅持原則及因地制宜。大師一生可謂「著作等身」而最具代表
者算是《太虛大師全書》。然大師著作之內容涵攝甚廣，幾乎無
所不包，從基本的學佛與做人至各宗各派、文化、教育、文藝、
道德、國學、哲學、社會、歷史、宗教、僧別，評論……皆有論
述。大師之佛學博大、思想之精微，非一短短論文可涵攝。故此
本文只針對太虛大師信仰之基本精神：佛、法、僧之定位出發及
略述其對佛教之貢獻。

二、正　文

太虛大師簡介

太虛大師，可謂影響佛教史之舉足輕重人物。除倡建及鼓吹
「人生佛教」之外，更顯著之舉，乃創辦佛學院，致力僧侶教育，
倡僧、教制改革。而足跡遍及中國南北，更遊歷諸國，如日本、
南亞、歐美，其僧號之著，一時無兩，盛譽之隆，享遍國內外。

（一）幼年孤苦

太虛大師（1889-1947），俗姓呂，名沛林，浙江人，出身農

1　太虛：〈佛學會與實現佛化〉，《太虛大師全書》，第十八冊。臺灣：太虛
　　大師全書影印委員會印行，民國四十三年（1954），頁 274-275。
2　即契合佛陀所「覺知」的「宇宙真相」。
3　即協契方俗不同、時代不同、文化各異的「時機」。

家，自幼孤苦，雙親早亡，依靠祖母撫養成人，年屆十三，當店學徒，因陪祖母禮佛唸經，在普陀山萌生出家之念。

（二）出家受戒

大師十六，遊歷蘇州，於九華寺，削髮出家；在天童寺，受比丘戒。從此以後，專心研讀，舉凡經論文字，倍加學習，尤以藏經，爲其獨愛研習，終智慧頓開，大小經論，融會貫通。

（三）革新佛教

大師於 1909 年，遊抵南京，隨楊文會居士學習經論，於法相典籍，心領神會，執筆撰文，廣爲發表，後受維新學說影響，立志改革佛教，倡「教理、教制、教產革命」，鼓吹復興運動，撰文不絕，頓成佛教界革新領袖。

（四）創佛學院

大師除力吹佛學外，亦力詆不學無術者，鼓勵僧眾接受教育。先後創辦武昌、閩南、漢藏等佛學院，培育人才，創辦刊物，名《海潮音》，廣弘佛理，著作甚豐。太虛一生所學，不離三寶，今就近代文獻，略窺大師對佛法僧之看法，並對弘法及社會所產生之影響。

三、佛法僧之定位

虛公認爲：學佛之人，不離三寶，所謂三寶，佛法僧也。一

切清淨，無不涵攝，佛法究竟，圓滿具足，爲學佛者，皆須了知，成佛之道，皆不離此。昔有尊者，入藏弘法，經歷多載，唯說三寶，時有學子，不恥下問，尊者回答，其義殊勝。離三寶者，別無佛法，三寶之義，信仰佛教，研究佛學、修行佛法，學佛之基！所謂佛者，福德智慧，圓滿具足；所謂法者，自覺覺他；所謂僧者，依法修行。太虛法師，循此三寶，弘宣教義。現就此三，次第分析，詳述於後。

（一）太虛之佛觀

太虛法師對佛之觀念有明確之定義。他認爲佛觀是對「佛陀所有清楚正確之觀念」。「佛」是外來語，全稱「佛陀」，略稱爲「佛」。其意譯爲「自覺覺他，覺行圓滿。」，「自覺」即具一切智[4]，能了悟宇宙真理；「覺他」即以方便智慧，令眾生覺悟；兩種覺行圓滿，福德、智慧具足，稱爲「佛陀」。太虛法師認爲，佛者，功德者之通稱，諸佛無量，徧三世十方。故佛說：大地眾生皆可成佛，亦謂一切眾生皆未來之佛。其成佛之條件是三覺圓滿，福慧具足。[5]

此外，他說成佛之過程得來不易，依經而說，眾生先發菩提

---

4 梵語 sarvajba，指了知內外一切法相之智。音譯爲薩婆若、薩云然。係三智之一。關於其義，仁王護國般若波羅蜜多經卷下（大八・八四三上）：「滿足無漏界，常淨解脫身，寂滅不思議，名爲一切智。」瑜伽師地論卷三十八（大三〇・四九八下）：「於一切界、一切事、一切品、一切時，智無礙轉，名一切智。」即如實了知一切世界、眾生界、有爲、無爲事、因果界趣之差別，及過去、現在、未來三世者，稱爲一切智。

5 又稱福觀。即福德與智慧二種莊嚴。福者修六度中之布施、持戒、忍辱、精進、禪定等善業，屬利他；慧者智慧，即觀念真理，屬自利。《大正藏》第 45 冊，頁 490 下。

心，積集福德、智慧資糧，再經十住[6]、十行[7]、十迴向[8]，然後，經「煖、頂、忍、世第一法」，再入初地而至七地，其後再由七

6 又作十地住、十法住、十解。菩薩修行之過程分為五十二階位，其中第十一至第二十階位，屬於「住位」，稱為十住，即：（一）初發心住。（二）治地住。（三）修行住。（四）生貴住。（五）方便具足住。（六）正心住。（七）不退住。（八）童真住。（九）法王子住。（十）灌頂住。（參閱《佛光大辭典》：〔舊華嚴經卷八菩薩十住品、菩薩本業經十地品、菩薩瓔珞本業經卷下釋義品、十住斷結經卷一至卷四、大乘義章卷十四〕，頁 430。）

7 菩薩之十種修行。即：（一）信，信仰佛、法。（二）悲，拔眾生苦。（三）慈，施樂與眾生，對諸眾生而起眾生緣，知眾生無實體、自性而起法緣，觀五蘊之空而起無緣。（四）捨，行內外二施，令眾生心安。（五）不疲倦，指行世間、出世間之行而不疲倦。（六）知經書，指知五明。（七）知世智，知曉世間實際之事、義。（八）慚愧，恥罪過而生慚愧。（九）堅固力，自守佛道而不退失，更能向上轉進。（十）供養，供養諸佛及如其教說修行。〔舊華嚴經卷二十三、菩薩地持經卷三、卷七、十地經論卷三〕〈三〉十行攝善法。即：（一）慈悲行（不殺生），（二）少欲行（不偷盜），（三）淨梵行（不邪淫），（四）諦語行（不妄語），（五）明慧行（不飲酒），（六）護法行（不說人過），（七）息惡推善行（不自讚毀他），（八）財法俱施行（不慳法財），（九）忍辱行（不瞋恚），（十）讚三寶行。〔禪戒篇〕〈四〉又指身、口、意所行之十種惡行為，稱為十惡。（參閱《佛光大辭典》：「十善十惡」468），頁 429。）

8 菩薩修行五十二階位中，指從第三十一位至第四十位。迴向，乃以大悲心救護一切眾生之意。又作十迴向心，略稱十向。即：（一）救護一切眾生離眾生相迴向，即行六度四攝，救護一切眾生，怨親平等。（二）不壞迴向，於三寶所得不壞之信，迴向此善根，令眾生獲得善利。（三）等一切佛迴向，等同三世佛所作之迴向，不著生死，不離菩提而修之。（四）至一切處迴向，以由迴向力所修之善根，遍至一切三寶乃至眾生之處，以作供養利益。（五）無盡功德藏迴向，隨喜一切無盡善根，迴向而作佛事，以得無盡功德善根。（六）隨順平等善根迴向，即迴向所修之善根，為佛所守護，能成一切堅固善根。（七）隨順等觀一切眾生迴向，即增長一切善根，迴向利益一切眾生。（八）如相迴向，順真如相而將所成之善根迴向。（九）無縛無著解脫迴向，即於一切法無取執縛著，得解脫心，以善法迴向，行普賢之行，具一切種德。（十）法界無量迴向，即修習一切無盡善根，以此迴向，願求法界差別無量之功德。十迴向攝於十三住中之解行住，五位中之資糧位，正當於地前三賢中之後十位，六種性中之道種性。（參閱《佛光大辭典》：〔舊華嚴經卷十五至卷二十二、菩薩瓔珞本業經卷上聖賢名字品、法華經玄義卷五上〕，頁 455。）

地菩薩修至成佛，歷此三大阿僧祇劫，方能斷盡一切執障，成就一切功德，得證菩提大覺。

再者，太虛法師認為，今之世人，略得神通，稱為「活佛」，並非真「佛」。只不過對此等修行者表示尊敬而已。類似唯識三十頌所說：「現前立小物，唯住唯識性，似有所得，非實住唯識。」修行人在禪修過程略有境界，但並非見道、成佛。因此，常稱「活佛」，嚴格說，他們尚未歷三大阿僧祇劫，未得究竟，故「佛」與「活佛」，不可等量齊觀。

總之，佛是覺悟宇宙萬有諸法，能教化一切有情，並非創造萬物之神，亦無主宰宇宙，非一神，非多神，而是偏正覺者之無神論。故虛老對於人生，感慨良深。他說：

> 「茫茫宇宙，譬如一大逆旅，吾人與萬物並生此逆旅之中，要皆過客而已。」[9]

（二）太虛之法觀

虛公認為，研經學佛，必須於佛法有正確的觀念。「法」有廣、狹兩義；前者，指宇宙萬有，一切諸法；後者，指佛教中之佛法。常說：佛法無邊，是顯佛法的「法」，分別有二：一者證法、二者教法。

證法是指佛自身覺悟，證得根本智[10]，起大悲心度一切苦厄，

9　太虛：〈我之佛教觀〉。《太虛大師全書》，第五十四冊。臺灣：太虛大師全書影印委員會印行，民國四十三年（1954），頁 14。

10　又作根本無分別智、如理智、實智、真智。無分別智之一。相對於後得智。乃諸智之根本，以其能契證真如之妙理，平等如實，無有差別，故亦稱無分別智。於攝大乘論釋卷八中，稱此智乃為正證之慧；蓋以此智遠離各種推求考察之行解，亦無分別之智用，然此智之任運可燭照法體，

名佛所證知的證法。

　　教法，是指佛開悟後爲眾生所說之法。佛用他的平等性智爲
諸天菩薩現神通，解眾疑，令受用大乘法樂；乃至普渡二乘六道
有情，所說諸法，無所不包。法寶是佛現人間之遺教文化 ── 三
藏十二部[11]。「教法」能含理法，從理而證諸法實相，因此「證
法」亦藏行法、果法。依此二法，世間諸法，無所不包，此乃「法」
之意義。誠然，虛公一生經歷三期變化，故對佛法之看法有三，
茲引原文以證之，據虛老說：（第一個時期）

> 「我最初對佛法成立一個有系統的思想，是在光緒三十四
> 年至民國三年（1908-1914）間。那時，我對佛法用過這麼
> 一番修學工夫：一方面作禪宗的參究，一方面也聽些經教。
> 所聽的經教，以天台教理爲主，兼及賢首的《五教義》、
> 慈恩宗的《相宗八要》等，所謂教下的三家。後來閱藏，

契會真理，故爲正證之智慧。又以此智爲智之正體，而非化用，故又稱
之爲正體智，乃十波羅蜜中之般若波羅蜜。（參閱《佛光大辭典》：〔瑜伽
師地論卷五十五、成唯識論卷九〕，頁4135。）

11 乃佛陀所說法，依其敘述形式與內容分成之十二種類。又作十二分教、
十二分聖教、十二分經。即：（一）契經，又作長行。以散文直接記載佛
陀之教說，即一般所說之經。（二）應頌，與契經相應，即以偈頌重覆闡
釋契經所說之教法，故亦稱重頌。（三）記別，又作授記。本爲教義之解
說，後來特指佛陀對眾弟子之未來所作之證言。（四）諷頌，又作孤起。
全部皆以偈頌來記載佛陀之教說。與應頌不同者，應頌是重述長行文中
之義，此則以頌文頌出教義，故稱孤起。（五）自說，佛陀未待他人問法，
而自行開示教說。（六）因緣，記載佛說法教化之因緣，如諸經之序品。
（七）譬喻，以譬喻宣說法義。（八）本事，載本生譚以外之佛陀與弟子
前生之行誼。或開卷語有「佛如是說」之經亦屬此。（九）本生，載佛陀
前生修行之種種大悲行。（十）方廣，宣說廣大深奧之教義。（十一）希
法，，又作未曾有法。載佛陀及諸弟子希有之事。（十二）論議，載佛論
議抉擇諸法體性，分別明了其義。此十二部，大小乘共通。又此十二部
究攝於經律論三藏之何者，諸論亦有異說。（參閱《佛光大辭典》：〔原始
佛教聖典之集成第八章（印順）〕，頁344。）

讀《大般若經》，在甚深般若中得一相應，于是對從前所
參學的禪教，便融會貫通，將整個佛法作這樣的看法：認
為佛法不外宗下與教下二種；……全部佛法，即宗下、教
下也。離語言文字、離心、意、識相，離一切境界分別，
去參究而求自悟自證者，謂之宗；由語言文字建立，而可
講解、行持者，謂之教。以宗下、教下說明一切佛法，是
我初期對佛法的系統思想。」[12]

第二時期，虛公說：

「講到第二期，是從民國四年普陀山閉關後而產生的一系
思想。在閉關期間，我對佛法的見解和認識，與初期大有
變更。……佛法有大乘和小乘，而小乘是大乘的階梯、大
乘的方便，所以小乘可附屬于大乘，所謂“附小于大”。
故我認為佛法的根本宗旨，唯在大乘，《法華經》中說“唯
有一乘法，無二亦無三”，就是闡明這個宗旨。」[13]

第三時期，虛公續說：

「在民國十二、三年後，我對佛法的見解，就萌芽了第三
期，這期的思想是甚麼呢？此與前二期迥然不同。第一期
的見解，可以說是承襲古德的；第二期的見解，是攝小歸
大而八宗平等，即不同于第一期的因襲；而第三期，則更
不同于第二期了。……可分教理、行者來講。由民十二年
後，直到今日，以前這種思想，分散在我的講著裡的很多，

---

12 太虛：〈我怎樣判攝一切佛法〉，《太虛大師全書》，第二冊。臺灣：太虛
大師全書影印委員會印行，民國四十三年（1954），頁510。
13 太虛：〈我怎樣判攝一切佛法〉，《太虛大師全書》，第三冊。臺灣：太虛
大師全書影印委員會印行，民國四十三年（1954），頁511。

不過還沒有作過綜合說明。」[14]

「本人在佛法中的意趣,則不欲專承一宗之徒裔。佛教中分宗立派,早在印度即有小乘十八派或二十派別;之後,大乘復興,遂有大小乘對峙之勢;大乘復分法性、法相之空、有兩宗;繼之又有真言宗興起。是為印度開宗立派之概況。而在中國方面,亦有天台、華嚴等宗之別;同時,宗中又立派,如禪宗之臨濟、曹洞、溈印等是。宗派之所以興起者,差不多都是以古德在佛法中參研之心得為根據,適應時機之教化上而建立的。」[15]

「中國性、相、律、密各宗,為傳承印度的宗派;台、賢、禪、淨等,為創立的宗派。日本繼承中國,復有蓮宗、淨土、真宗等之開創;諸宗至今,皆各有其系統的傳承,非常嚴格。以為,由佛之無上偏正覺所證明之法界性相,為度生應機而有種種施設,法流多門,體源一味,……所以本人觀察佛法之五乘共法、三乘共法及大乘不共法,原為一貫;在教理解釋上,教法弘揚上,隨機施設而不專承一宗或一派以自礙。」[16]

據此得知,虛老對佛法之看法,從初期認為:佛法不外宗下與教下兩種。宗下指禪宗之教外別傳,離語言文字;教下則天台、賢首及慈恩三家,除此,別無他法。誠然,虛老中期對佛法有另

---

14 太虛:〈我怎樣判攝一切佛法〉,《太虛大師全書》,第五冊。臺灣:太虛大師全書影印委員會印行,民國四十三年(1954),頁513。

15 太虛:〈新與融貫〉,《太虛大師全書》,第二冊。臺灣:太虛大師全書影印委員會印行,民國四十三年(1954),頁445-446。

16 太虛:〈新與融貫〉,《太虛大師全書》,第二冊。臺灣:太虛大師全書影印委員會印行,民國四十三年(1954),頁446-447。

一看法，他認爲：各宗演變，與前者有別，形成大乘八大宗派，宗雖有八，其所觀「境」上，則八宗平等，成佛爲終極目標，唯在實踐上，則各有不同而已！盧老最後期對佛法之看法是：佛在世時，別無他宗，唯「法皆一味」，佛滅以後，歷「小行大隱」、「大興小附」及「密主顯從」三個時代。而三個時代的佛教、又形成三種語文系統（巴利文、漢語及藏文），此所謂三代與三系。

從佛教實踐上，盧老提出「三依與三趣」。依者，依止、依據義，趣者，趣向、趣證義。其所說，即依於佛世和「正法」時代，學佛者可依聲聞而證聖果。若「像法」時，可依「天乘」而修行，往生淨土或天國。到了「末法」時，則修人乘而保生善道，但無果可證，盧老所提倡「人生佛教」之原意，由此可見一斑。

從理論言，他把佛理分爲「三級」與「三宗」。三級者，說「五乘共理級」即人、天乘佛教；而超越人天之境地爲二乘佛教，名「三乘共理級」；而超越二乘的大乘佛教，則名「大乘特理級」。而三宗之分：一、法性空慧宗（般若宗）二、法相唯識宗；三、法界圓覺宗（真如宗）。他說：三宗各有特色，般若宗善於伏斷妄執；唯識宗以建立學理基礎、印持勝解爲最殊勝；真如宗則以直趣極果爲勝。盧公說：佛之教法乃聖教量[17]，非一般凡夫所能證得，而必須以無漏智[18]去證悟，方爲無上妙覺之佛果，世間學識去其所執，乃可成爲部份佛學理論。

（三）太虛之僧觀

「僧」是「眾」的意思，佛教徒有組織，有規律、有系統者

17 又作正教量，指以本派所尊奉之聖書或聖人之教導作爲正確知識之來源、標準。
18 指證見真理，遠離一切煩惱之智慧，能證見四諦理之智，稱爲無漏智。

是為僧團。虛公認為僧眾必須具「六和合」,即身和共住、口和無諍、意和同悅、戒和同持、見和同解及利和同均。僧人如者,便能同證擇滅無為之真理,此乃為事理清淨之和合僧眾。此外,僧寶之勝義,在於他們能證小乘四果和大乘十地菩薩之境。此處所言之僧,是能攝持菩薩戒之德相,表現高尚而清淨相狀,為人所敬仰,表現具足一切清淨德相,為眾生謀幸福,樹立佛言之教法,利益有情,虛老對僧之思想核心是重於教育。

(四) 小 結

總的來說,虛老認為:一切法皆為佛說,其願攝民化民,廣弘傳播,使社會上每一眾生皆能利樂,將法雨施予有情,造就人間淨土。眾生若能了解三寶、信受三寶、行證三寶,必能踏上光明人生之路。

四、佛法僧觀對太虛之影響

太虛大師,乃精識五明,通曉三藏,廣有長舌,著作等身;善佛法而貫通。再者,闡眾佛之慈懷,弘各派之精髓,其影響之深遠,具陳如下:

(一) 思想方面

大師貫攝八宗[19],不限一家,不拘一格,兼收並蓄,視野廣

---

19 中國隋唐的八宗:(1)清涼宗(即華嚴宗)。(2)天台宗(即法華宗)。(3)嘉祥宗(即三論宗)。(4)慈恩宗(即唯識宗)。(5)廬山宗(即淨土宗)。

闊，博古通今，不獨妙有之唯心論，而且爲楞嚴、起信[20]，排難解困，獨具特色，卓然成家。

（二）僧制方面

大師主張改革僧制，劃分五區，以應社會所須，使出家僧眾，有立身之所。太虛曾說：

> 「志在整興佛教僧（住持僧）會（正信會），行在瑜伽菩薩戒本。」[21]

又說：

> 「辛亥革命成功，中國既成立了共和立憲的國家，僧伽制度也不得不依據佛制加以適時的改變，使成為今此中國社會需要的佛教僧寺。」[22]

這亦是太虛寫作《整理僧伽制度論》的動機所在。其用心之

（6）開元宗（即密宗）。（7）少室宗（即禪宗）。（8）南山宗（即律宗）。這八宗的傳授，有二宗（禪、密）要特重印度師承。其餘六宗可憑經論自行修習，不必親承。

20 民國七年，支那內學院籌備簡章，歐陽竟無在其簡章總綱第一條明列：「本內學院以闡揚佛教，養成弘法利世之才，非養成出家自利之士爲宗旨。」太虛覺得其有藐視僧伽之嫌，故作〈關於支那內學院文件之摘疑〉駁斥之，這是太虛與支那內學院諍議的開始。（參見《太虛全書》第二十五冊，頁 88。）其後有關之法義諍論，太虛曾提出：〈佛法總抉擇談〉、〈對辨唯識圓覺宗〉、〈起信唯識相攝圖〉、〈大乘起信論唯識釋〉、〈答起信論唯識釋質疑〉、〈竟無居士學說質疑〉、〈論法相必宗唯識〉、〈釋會覺質疑〉、〈再論法相必宗唯識〉、〈閱辨法相與唯識〉（最後一篇爲印順法師的評論）。（參閱《太虛全書》第九冊。臺灣：太虛大師全書影印委員會印行，民國四十三年（1954），頁 1371-1487。）

21 太虛：《自傳》，文叢十九。臺灣：太虛大師全書影印委員會印行，民國四十三年（1954），頁 199。

22 太虛，《自傳》，文叢十九。臺灣：太虛大師全書影印委員會印行，民國四十三年（1954），頁 209。

苦,反招詬病,理想雖未實現,卻引起僧團之關注,可見建僧之難!

（三）義理方面

大師窮一生之精力,排難解紛（佛法）,時有僧俗,顯密互諍,融攝各門,取長捨短,息爭安眾,起信與唯識,皆為一例。

（四）弘法方面

大師倡人間佛教,以平常之理,導俗向善,用現代手法,推廣佛法,使佛學流傳於世,可見其高瞻遠矚,實屬難能可貴。

（五）革新方面

大師大刀闊斧,敢於創新,主持教理、教產、教制之革新,創新觀念,迎合時代,乃近代罕見。他晚年回憶則說,學理革命的主要意義是:

> 今後佛教,應多注意現生的問題,不應專向死後的問題上探討。過去佛教,曾被帝王以鬼神禍福作為愚民的工具,今後則應該用為研究宇宙人生真相,以指導世界人類向上發達而進步。總之,佛教的教理,是應該有適合現階段思潮的新形態,不能執死方以應變症。[23]

其作風之突出,由此可見。

---

23 印順:〈革命時代的太虛大師〉.《華雨香雲》。臺北:正聞出版社,1973年,頁293。

（六）處事方面

　　大師真不礙俗，於政教關係，不畏強權、無懼他責，作佛弟子，示其軌範，被譏「政僧」，千夫所指，皆不克爲念，其心之正，尤當仁不讓。

（七）傳道方面

　　大師足跡，遍及歐亞（日本、南洋、暹羅、錫蘭、西藏、北美、歐州……。）駐錫寺刹，莫不聞其法音；普渡僧伽，皆可感其啓悟。他是首位遠赴歐亞傳道之中國佛僧，其所及之處，對推動研習及傳道上，作出極大貢獻。

（八）治學方面

　　大師著述，一、不斷章取義，其論事理，擇要引述，合乎情理，不任意改易；二、不依後改前，對事件之實情，不作歪曲；三、不偏聽自蔽，凡事聽述雙方之說，不作獨斷；四、不離文獻，所書之事，必目見聞，不作猜測。[24]五、凡文記參差，傳說各異，概按語考正，若有異說，則兩說存疑。

---

24 依太虛看來，研究佛法固然要參用歷史史蹟之考據，但是尊重果覺的信仰，尤其重要。他的理由是：「惟不知歷史之考據，在佛法中祇可應用於相當之事實」，「研究佛學，於聖言量應有尊重之態度。若依常人之智識，以研究史學之眼光而應用於佛學，則考據必不相當，且必因此而根本否認佛果所成之理，故學佛無尊重果覺之仰信，則修行學佛必無所標準。」（《太虛全書》，第二十三冊。臺灣：太虛大師全書影印委員會印行，民國四十三年（1954），頁 131-132。）

（九）文化方面

大師在世，除說法度生，於文化事業，亦不遺餘力，先後出版《海潮音》[25]等刊物[26]，對文壇士子，影響殊深。

五、總　結

太虛大師，無負生命，貢獻佛教，早懷革命之志，壯歲弘教興學，整頓僧制，扶持八宗，亦採各地佛學之優，融攝其中。其對更新佛制，與時並進，打破傳統之束縛，可謂高瞻遠矚。他傳道弘法，遍於各地，將佛法帶往國際領域，又不避譏嫌，身先示政，於政教建其規範，蓋於僧俗兩面，以無礙悲智，創新佛教運動之先河，益見大師圓融進取。大師既倡言「人間佛教、行菩薩道」等，利世利民之事業，且無視譏諷之言，勇往直前，今雖肉身圓寂，其梵音繞樑，永存於世，所受影響之事及人，如恆河沙數，難以計度。願云云蒼生，綿延大師之行願，將聖道中興；繼往虛老之般若，將佛命軌持。如是者，功德無量矣！

---

25 1920 年 2 月創《海潮音》意味「海潮音非他，就是人海思潮中的覺音。」其宗旨為「發揚大乘佛法真義，應導現代人心正思。」(參見《太虛全書》，第六十一冊。臺灣：太虛大師全書影印委員會印行，民國四十三年（1954），頁 1041-1042。)

26 太虛法師於 1918 年創《覺社宣言》，1919 年 12 月間創《覺社叢書》，1920 年 2 月創《海潮音》。

〈略論馬祖之生平及其禪法思想之特色〉

提　要

中國禪宗以北魏來華印僧菩提達摩爲初祖，大師所傳之禪法皆不依經教，號稱教外別傳，以心印心，不立文字，唯證相應，故言佛心宗，通名禪宗，以禪邢爲宗故。達摩禪宗法門，二傳慧可，三傳僧燦，四傳道信，五傳弘忍，門生有神秀、慧能、道明等諸俊秀。神秀得法，在江北廣弘漸悟禪風，後稱北禪。慧能得六祖衣缽，在江南化眾，後稱南禪。禪宗自六祖慧能大弘頓教「非心非佛」，如雨後春筍，孕育萬方。傳至馬祖與石頭二僧，禪宗大盛，而秉承二師之禪法者眾，下開五家，頓形璀璨之象。

洪洲宗（又名禪門正宗）以馬祖道一爲表表者，其所闡釋之禪法內涵，層層有序，甚爲獨特。馬祖從「即心是佛」到「非心非佛」，從「肯定」到「否定」，最後確立「平常心是道」之根本禪法之目的，堅持應世人。他善用邏輯辯證之法，層層遞遞，探求眾生覺悟之源頭和成佛之根源。他不但繼承南宗禪法之精髓，而且吸納《楞伽經》、《華嚴經》等義理，對日後之禪宗心性思想影響深遠。

關鍵詞：馬祖　即心是佛　非心非佛　平常心是道　禪法

一、前　言

　　中國禪宗以北魏來華印僧菩提達摩爲初祖，大師所傳之禪法皆不依經教，號稱教外別傳，以心印心，不立文字，唯證相應，故言佛心宗，通名禪宗，以禪那[1]爲宗故。達摩禪宗法門，二傳慧可，三傳僧璨，四傳道信，五傳弘忍，門生有神秀、慧能、道明等諸駿秀。神秀得法，在江北廣弘漸悟禪風，後稱北禪。慧能得六祖衣鉢，在江南化眾，後稱南禪。禪宗自六祖慧能大弘頓教「非心非佛」，如雨後春筍，孕育萬方。傳至馬祖與石頭二僧，禪宗大盛，而秉乘二師之禪法者眾，下開五家，頓形璀璨之象。

二、馬祖道一之生平

（一）傳　略

　　馬祖[2]生於唐中宗景龍三年，唐德宗貞元四年二月一日入滅

1　禪那：梵語，意爲靜慮。由淨妄凝念以窮明心源故。
2　馬祖道一（709-788）之門派。洪州爲江西南昌縣之通稱，其地有馬祖道一所住之開元寺、石門山寶峰寺、百丈懷海所住之百丈山大智壽聖寺，及黃龍慧南、晦機所住之黃龍山崇恩寺等名刹。馬祖一向住洪州，大揚禪風，故其門派稱洪州宗。主張一切之起心動念、揚眉瞬目等日常生活皆是佛性之顯現。其宗風相對於北宗所主張之日常分別動作皆虛妄，及牛頭宗之一切皆如夢、本來無事之觀點。後世以馬祖之法系爲禪宗之正系，而承繼荷澤宗之圭峰宗密則爲傍出。（參閱《佛光大辭典》：〔禪門師資承襲圖〕，頁 3862。）

（西元 709-788）。唐憲宗元和年間之「大寂禪師」，名道一，什邡（今屬四川）馬氏，時人多尊稱他爲馬大師、馬祖，中國佛教最重要的教派禪宗第八代大師。馬祖幼於本邑羅漢寺出家，依資洲唐和尙（處寂）落髮，爲劍南淨眾宗一系禪僧，受具足戒[3]於渝洲（今重慶）圓律師[4]。根據權德輿《道一塔銘》、宗密《圓覺經大疏抄》和贊寧《宋高僧傳》等資料記載，馬祖亦受教於金和尙無相處習「無憶、無念、莫妄」之禪法。唐代人說他「生有異表」、「舌廣長以覆准（舌興能舔鼻頭），足文理而成字」，《古宿尊語錄》更謂其「神宇有異」（即容貌奇特）、牛行虎視[5]。

　　唐開元中，道一習禪於衡嶽傳法院，巧遇慧能弟子懷讓禪師，受師密心印而開悟，禪法因二師而大行其道。劉軻云：「江西大寂。湖南石頭。往來憧憧。不見二大士爲無知矣。」[6]西天般若多羅記達磨云：「震旦雖闊無別路。要假侄孫腳下行。金雞解銜一顆米。供養十方羅漢僧。」[7]又六祖謂懷讓曰：「向後佛法從汝邊去。出馬駒踏殺天下人。」[8]厥後江西法嗣布於天下，時號馬祖，四方信眾聞風景慕，由是學者雲集其座下聆聽受教。

（二）求　法

　　道一性偏沈靜、內向陪穎、酷愛學習。他爲求「出世」之法，

3　受具足戒有其一定的規矩在。首先，求受戒者應年滿二十歲，身心俱無障礙且有心求受戒者，方可允准受戒。受戒前應如法恭請「三師七證」作爲十方戒子之得戒、羯磨、教授三師和尙以及尊證七師。受具足戒之後，才正式具備了比丘或比丘尼的身分。

4　《宋高僧傳》卷十，《大正藏》第 50 冊，頁 766。

5　《景德傳燈錄》卷六，《大正藏》卷 51，頁 245-6。

6　《景德傳燈錄》卷六，《大正藏》卷 51，頁 245-6。

7　《景德傳燈錄》卷六，《大正藏》卷 51，頁 245-6。

8　《景德傳燈錄》卷六，《大正藏》卷 51，頁 245-6。

二十歲便捨俗爲僧，習北宗之禪法，後慕名七祖懷讓，便棄北投南，獨處一庵，專注禪修，對來訪者拒諸門外，不聞不理。懷讓親往，彼亦不顧，逐以多方誘導使其開悟，如懷讓禪法記載：

> 開元中，有沙門道一，住傳法院，常日坐禪，師知是法器[9]，往問曰：「大德坐禪圖什麼」？一曰：「圖作佛」。師乃取塼，於彼庵前石上磨。一曰：「師作什麼？」師曰：「磨作鏡」。一曰：「磨塼豈得成鏡耶」？師曰：「磨塼既不成鏡，坐禪豈得成佛耶」？一曰：「如何即是」？師曰「如牛加車，車不行，打車即是，打牛即是」？一無對。師又曰：「汝為學坐禪，為學坐佛？若學坐禪，禪非坐臥，若學坐佛，佛非定相，於無住法，不應取捨。汝若坐佛，即是殺佛，若執坐相，非達其理」。一聞示誨，如飲醍醐，禮拜問曰：「如何用心，即合無相[10]三昧[11]」？師曰：「無學心地法門，如下種子，我說法要，譬彼天澤，汝緣合故，當見其道」。又問曰：「道非色相，云何能見」？師曰：「心地法眼[12]，能見乎道，無相三昧，亦復然矣」。[13]

9　法器：廣義而言，凡寺院內有關莊嚴佛壇，用於祈禱、修法、供養、法會等各類佛事，或佛子所攜行之念珠、錫杖等修道之資具，統稱爲法器。又稱佛器、佛具、道具。狹義言之，特指置於佛前之小型佛器，尤指密教修法所用之器物。

10　無相：梵語 animitta。無形相之意。爲「有相」之對稱。大寶積經卷五：「一切諸法本性皆空，一切諸法自性無性。若空無性，彼則一相，所謂無相。以無相故，彼得清淨。若空無性，彼即不可以相表示。」此即謂一切諸法無自性，本性爲空，無形相可得，故稱爲無相。（《大正藏》第11 冊，頁 29 上。）

11　三昧：梵語 samadhi 之音譯，巴利語同。又作三摩地、三摩提、三摩帝。意譯爲等持、定、正定、定意、調直定、正心行處等。即將心定於一處（或一境）的一種安定狀態。

12　法眼：梵語 dharma-caksu，巴利語 dhamma-cakkhu。指徹見佛法正理之智慧眼。

　　馬祖在般若寺傳法院專心坐禪，不理世間之事，懷讓爲了啓發他，說明悟道關鍵在於體悟自性的道理，非單靠坐而不思，便每天在他的門前磨磚，直至馬祖開口問他爲何要磨磚時，懷讓告訴他是爲「磨磚成鏡」，當馬祖回應「磨磚豈能成鏡的疑問時」，懷讓「磨磚既不能成鏡，坐禪又豈能成佛之理」的機語點化，於言下頓悟，密受心法，專心修持「心地法門」[14]。

　　道一悟道後廣弘南宗禪學，他一生弘道可分爲四個階段：第一階段在巴蜀、第二階段在南嶽衡山、第三階段在建陽佛跡嶺、第四階段在江西，桃李滿門，英才輩出，親承弟子八十八人，隱世者不知凡幾，入室者一百三十九人，各爲一方宗主，成就超然，對禪宗弘傳影響甚大。

三、馬祖道一之禪法思想

　　中國禪宗自 8 世紀後期到 9 世紀中後期，在這百多年間，南宗禪學獨盛，其中以馬祖道一爲首之洪州禪更是一枝獨秀。葛兆光指出：「即馬祖道一及其門下弟子與神會一樣，是六祖慧能之後南宗禪史上最重要的人物，而馬祖禪活動至中唐才是禪思想史

13　《景德傳燈錄》卷六，《大正藏》第 51 冊，頁 245-6。

14　在禪宗，達摩所傳之菩提即稱「心地」；法門：梵語 dharma-paryaya。即佛法、教法。佛所說，而爲世之準則者，稱爲法；此法既爲眾聖入道之通處，復爲如來聖者遊履之處，故稱爲門。大乘起信論義記卷中本：「軌生物解曰法，聖智通遊曰門。」法界次第亦謂「門謂能通」，故知門之一詞，實爲通入之義。其次，門者，亦含差別之意；以佛所說之法義有種種差別，故稱「如來開法門，聞者得篤信」、「以種種法門，宣示佛道」。（《大正藏》第 44 冊，頁 252 中。）

上的真正的大變局」[15]。葛氏研究得出這一結論，若從禪宗歷史
和思想史兩方面看，我十分贊同的。

　　道一之禪思早歲受五祖弘忍門下之淨眾保唐禪系影響，及後
又受懷讓頓悟思想啟發，也曾習於四祖及六祖之再傳弟子法融、
石頭及行思等禪僧。他以曹溪頓悟禪為核心，兼收並蓄各家各派
之長，來強化及豐富自宗之禪思。道一所依之經典主要為《楞伽
經》、《金剛經》、《維摩經》和《壇經》等，尤以突出《楞伽
經》修行實踐之地位。

　　道一完成其禪思體系後，便致力廣弘南宗慧能之頓悟禪，自
說：

> 自性本來具足，但於善惡事上不滯，喚作修道人。取善捨
> 惡，觀空入定，即屬造作。更若向外馳求，轉疏轉遠，但
> 盡三界心量。一念妄想，即是三界生死根本，但無一念即
> 除生死根本，即得法王無上珍寶。無量劫來，凡夫妄想，
> 「諂曲邪偽」我慢貢高合為一體。故經云：但以眾法合成
> 此身，起時唯法起，滅時唯法滅。此法起時不言我起，滅
> 時不言我滅。前念後念中念，念念不相待，念念寂滅，喚
> 作海印三昧[16]，攝一切法，如百千異流，同歸大海，都名

---

15 葛兆光：《中國禪思想史 —— 從 6 世紀到 9 世紀》。北京：北京大學出版
　社，1996，頁 294。
16 海印三昧：梵語 sagaramudra-samadhi。又作海印定、海印三摩地、大海
　印三昧。華嚴家以此三昧為華嚴大經所依之總定。佛說法前，必先入定
　思惟法義，以及審查根機。如說法華時，入無量義處三昧；說般若時，
　入等持王三昧；說涅槃時，入不動三昧。華嚴經七處八會中，每一會均
　有別定，即第一會入如來藏三昧，乃至第八會入師子奮迅三昧。海印三
　昧即此七處八會所依之總定。海印者，約喻以立名，即以大海風止波靜，
　水澄清時，天邊萬象巨細無不印現海面；譬喻佛陀之心中，識浪不生，
　湛然澄清，至明至靜，森羅萬象一時印現，三世一切之法皆悉炳然無不

海水，住於一昧，即攝眾昧，住于大海，即混諸流。如人
在大海中浴，即用一切水。所以聲聞悟迷，凡夫迷悟，聲
聞不知聖心本無地位因果階級心量，妄想修因証果，住其
空定八萬劫二萬劫，雖即已悟卻迷，諸菩薩觀知地獄苦，
沈空滯寂，不見佛性。若是上根眾生，忽遇善知識指示，
言下領會，更不歷於階級地位，頓悟本性。故經云：凡夫
有反覆心，而聲聞無也。對迷說悟，本既無迷，悟亦不立。
一切眾生從無量劫來，不出法性三昧[17]，長在法性三昧中
著衣吃飯言談祇對，六根運用一切施為，盡是法性。不解
返源，隨名逐相，迷情妄起，造種種業。若能一念返照全
體聖心，汝等諸人各達自心，莫記吾語。[18]

　道一示眾說，自性清淨，眾生與生俱來，本來具足，不向外
求，若一念清靜，便能當下頓悟，照見自性。故其不主「取善捨
惡」、「觀空入定」，蓋海印三昧能攝諸法，就「如人在大海
中浴，即用一切水。」是故眾生能去除妄念，捨其妄執，煩惱滅
盡，便能照見聖心，故《壇經》云：「佛法在世間，不離世間覺，
離世覓菩提，恰如尋兔角。」由此可知，馬祖繼承六祖慧能之「眾
生自性本來具足」之頓悟思想。

現。華嚴大經即依此定中所印現之萬有而如實說，故稱此爲海印定中同
時炳現之說。〔舊華嚴經卷六賢首菩薩品、大方等大集經卷十五虛空藏菩
薩品、華嚴經孔目章卷四、華嚴經探玄記卷四、華嚴五教章卷一〕（參閱
《佛光大辭典》，頁 4165。）

17 法性三昧：指體得法性之理。即日常行爲與法性絕對之理一致。馬祖語
　錄：「一切眾生，從無量劫來，不出法性三昧，長在法性三昧中；著衣喫
　飯，言談祇對，六根運用，一切施爲，盡是法性。（《卍續藏》119 冊，
　頁 406 下。）

18 《古尊宿語錄》卷一，《卍續藏》第 119 冊，頁 810-816。

　　馬祖的禪法雖源於慧能之「識心見性，自成佛道」之宗旨，但亦不乏有其獨特性之風格，而且所弘之禪學形象鮮明，與慧能亦有所不同。記述馬祖禪學之資料主要有：《祖堂集》、〈馬祖傳〉·《景德傳燈錄》、〈馬祖語錄〉·《景德傳燈錄》卷二八、《古尊宿語錄》卷一、〈馬祖錄〉·《四家語錄》卷一，主要內容以說明修行所遇之困難及眾生依據心性而達至覺悟之境。因此，道一禪學甚具佛性思想之體系，從理論上提出「觸境皆如」、「隨處任真」等命題；在實踐上，他主張「道[19]不用修」、「任心為修」的創新風格，一時無兩。綜觀馬祖之禪法從引導迷妄眾生至開悟之境界，主要分為三個階段「即心是佛」、「非心非佛」、「平常心是道」。

（一）　「即心是佛」

　　馬祖禪法之「即心是佛」意指心性一如，佛性平等，自信自立，眾生若具此堅定的信念、信心，人格自立的思想基礎便穩固，這也是馬祖教導弟子修行之先決條件。馬祖對眾僧說：

> 汝等諸人各信自心是佛，此心即是佛心。達摩大師從南天竺國來，躬至中華，傳上乘一心之法，令汝等開悟，又引《楞伽經》文，以印眾生心地，恐汝顛倒不自信此心之法，各各有之。故《楞伽經》云：佛語心為宗，無門為法門。又云：夫求法者，應無所求。心外無別佛，佛外無別心……故三界唯心[20]，森羅萬象，一法之所印。凡所見色，皆是

---

19 這裏的「道」是指佛道、覺悟解脫之道，即大乘佛教所奉的最高真理（第一義諦），也就是禪宗所說的「自性」、「心」是也。

20 三界唯心：三界（欲界、色界、無色界）所有現象皆由一心之所變現。

見心，心不自心，因色故有。[21]

在這段話裏，馬祖引《楞伽經》爲証，肯定「即心是佛」是達摩所傳之上乘之法。眾生心具本然佛性，相信自心是佛，離此則無佛可言；世上的山河大地、日月星辰，都是自心或與他心共同變現，離此物質世界，也沒有自心，無菩提可證。其論証的推理過程是：諸法無自性空，求法者應無所求，三界唯心，心性平等，即事即理，任運無礙。這樣自心與佛心無異、佛與世間萬有相互融通，皆是「一心之所印」是也。然而，文中所引《楞伽經》只取其大義而非原文。馬祖認爲三界唯心，心即是佛，直顯心性宗之義趣，宗密法師稱馬祖的洪州禪爲「顯示真心即性教」；太虛則稱他爲「法界圓覺宗」；印順視爲「真常唯心論」。馬祖的特色在於用中國化的方式彰顯大乘佛教之精神，故容易被人受落。

「即心是佛」是馬祖直接繼承及發揮禪宗祖師之理論，而非他獨創的。初祖達摩曾在《二入四行論》說：深信含生同一真性。但爲客塵妄想所覆不能顯了。若也捨妄歸真。凝住壁觀。無自無他。」[22]；二祖慧可說：「曰今見和尚。已知是僧。未審何名佛法。曰是心是佛。是心是法。法佛無二。僧寶亦然。」[23]；四祖道信提出：「佛是自心作得。因何離此心外覓佛。前佛後佛只言其心。心即是佛。佛即是心。心外無佛。佛外無心。若言心外有

全稱三界唯一心。即心爲萬物之本體，此外無別法，凡三界生死、十二緣生等諸法，實是妄想心所變作。

21 〈馬祖傳〉‧《景德傳燈錄》，《大正藏》卷 51，頁 246。

22 《卍新纂續藏經》第六十三冊 No. 1217《菩提達磨大師略辨大乘入道四行觀》，頁 0001a21（03）-0001a23（01）。

23 《卍新纂續藏經》第八十五冊 No. 1594《佛祖綱目》，頁 0601a07（04）-0601a08（00）。

佛。佛在何處。心外既無佛。何起佛見。遞相誑惑。」[24]；五祖
弘忍依《金剛經》發揮「即心即佛」之思想問。即心即佛即不問。
非心非佛事如何。師曰。昨日有僧問。老僧不對。「曰未審與即
心即佛。相去多少。師曰。近則千里萬里。遠則不隔絲毫。」[25]；
六祖慧能直指眾生心即佛心。《正法眼藏》載：「六祖謂眾曰。
諸善知識。汝等各各淨心聽吾說法。汝等諸人自心是佛。更莫狐
疑。外無一物而能建立。皆是本心生萬種法。故經云。心生種種
法生。」[26]

　　馬祖不但繼承了達摩以來明心見性之思想，而更強調自心清
淨、不假外求、自成佛道等內在體驗之重要性，使「心」與「佛」、
「佛」與「我」融為一體，這正是禪宗之真髓所在。「即心是佛」
之命題，更著重於內轉、內修，把主體及個體之道德性彰顯出來，
成就完美的人格。馬祖也善用因材施教之技巧，凡對向外求佛之
眾生皆說「即心是佛」，對執實我、實法的眾生則說「非心非佛」。
禪宗有這樣的公案記載：

　　「問：『和尚為什麼說即心即佛？』

　　師曰：『為止小兒啼。』

　　曰：『啼止時如何？』

　　師曰：『非心非佛。』

　　曰：『除此二種人來，如何指示？』

24　《卍新纂續藏經》第六十三冊　No. 1218《達磨大師血脈論》，頁 0002b11
　　（04）-0002b12（02）。
25　《卍新纂續藏經》第八十二冊　No. 1571《五燈全書》，頁 0085b22（00）
　　-0085b24（00）。
26　《卍新纂續藏經　第六十七冊》No. 1309《正法眼藏》，頁 0608a22（00）
　　-0608a24（01）。

　　師曰：『向伊道：不是物。』

　　曰：『忽遇其中人來時如何？』

　　師曰：『且教伊體會大道。』」[27]

　　馬祖教導弟子，物不是物，是道之體現，是希望眾生能深層領會「即心是佛」之精神，不要誤執其表面之意義，盲目依賴自性，猶如小孩哭啼外間之玩具一樣。故馬祖為化解眾生之執，最後亦以「非心非佛」去除眾生對世間之實我、實法之執，把「佛」與「我」、「我」與「佛」互相貫穿，解除眾生之種種偏執。這正好說明實相是無之相，只有以根本智[28]如實親證，剎那間智境冥合，能所雙亡，虛空粉碎，大地平沉。古德謂：「無心是道」就是通此之方便法門。

（二）「非心非佛」

　　馬祖的「即心是佛」是為了破除修行者心向外求之方便法門，那麼「非心非佛」則是用另一方法破除修行者執世間實有之法。「非心非佛」並非揚棄佛教之本質，而是通過否定的思維方式，彰顯佛法之真諦所在。其目的是破除行者對「即心是佛」的執著，否則，行者便會陷入知解的窠臼而不得解脫。相反，行者能破除此一執著，當下便能領會更高之解脫境界。馬祖因應眾生之病予藥，用「非心非佛」來引導行者。禪公案中有這樣的記載：法常因聽馬祖道一說「即心是佛」而當下大悟，從此隱居於浙江大梅山。道一派人去見法常，雙方有以下的對話：

27　《古尊宿語錄》卷一，上冊。北京，中華書局，1994，頁5。

28　根本智：又作如理智、無分別智、正智、真智等。修行者在禪定中直接親證真如的離言語、無名言概念的智慧。

問云:「和尚見馬師得個什麼便住此山?」師云:「馬師
向我道即心是佛,我便向遮裡住。」僧云:「馬師近日佛
法又別。」師云:「作麼生別?」僧云:「近日又道,非
心非佛,我只管即心即佛。」其僧回舉似馬祖,祖云:「大
眾,梅子熟也!」[29]

　　從以上的對話可知,法常與馬祖「禪心互印」。法常明白不
管是「即心是佛」或「非心非佛」皆是名言假說,只是用來破除
行者的妄執,是方便施設之技倆而已。故馬祖用「梅子熟也」稱
讚法常。因為在馬祖與法常的眼裏「即心是佛」和「非心非佛」
是表詮及遮詮之語言表達方式。馬祖提出「非心非佛」是針對六
祖之明心見性、頓悟成佛之理論變得僵化,易被行者所執著,故
以此提昇禪法之更高層次。簡單地說,「非心非佛」的最終目的
是「破執」。[30]

　　由此可見,「即心是佛」和「非心非佛」是指示行者修行時
之兩種不同之方法。前者是針對不瞭解自性的眾生,指示他們「即
心是佛」、「觀照身心」、「自成佛道」;後者則針對自以為瞭
解「即心是佛」而執著之行者,令其破執,免成道障。故行者只
要對「即心是佛」和「非心非佛」不生分別心,依馬祖說皆能直
取其心,體會大道。

(三)「平常心是道」

　　「平常心是道」是馬祖道一用來說明「眾生心」與「佛心」

---

29 《景德傳燈錄》卷7,《大正藏》第51卷,頁254。
30 吳立民、徐孫銘主編:《禪宗宗派源流》。中國社會科學出版社,1998,
　　頁143-144。

之無異思想。這是道一佛性邏輯思想之終極，成爲他晚年之禪法定論。馬祖認爲，心本身就是佛心、是道、是佛。所以其弟子大珠慧海向他求法，馬祖回答說：

> 「我這裡一物世無，求什麼佛法？自家寶藏不顧，拋家散走作麼！」[31]

這種眾生之「自家寶藏」之說，被後世之希運進一步發揮爲「自心即佛心」說：

> 「達摩從西天來，唯得一心法，直指一切眾生本來是佛，不假修行。但如今識取自心，見自本性，更莫別求。云何識自心？即如今言語者，正是汝心。」[32]

黃檗希運明確指出現實心就是佛心，佛心不須修行，本然具備，所以求法者，應無一法可求，能了此意，便達此心。馬祖以慧能的「自心有佛」、「自心是佛」爲其禪法之依據，但他亦進一步將其發揮爲「即心是佛」、「平常心是道」，與馬祖以前之禪師多強調「真心是佛」有所不同，後者須排除污染之妄心才是佛，前者之眾生心本是佛道，無須排遣。這就是現代所說主體的一切認知和行爲，都體現佛性或佛之教義，甚或將「道」成爲眾生之行住坐臥一切日常生活之認知和行爲中去，爲後人所說之「性自然」甚或宗密所言之「觸類是道[33]」是也。「平常心是道」所指的是「心行[34]清靜」，「事事無礙」，「應世利人」爲其根本

---

31 《大珠慧海禪師》，《五燈會元》卷 3，上冊。北京：中華書局，1984，頁 154。
32 《黃檗斷際禪師宛陵錄》，《大正藏》第 48 冊，頁 386。
33 觸類是道：爲洪州禪之修行主張。觸類，指人類之各種行爲；道者，指佛道。意謂人類之任何思想與行爲均爲佛性之表現。
34 心行：梵語 citta-carya。心內之作用、活動、狀態、變化。所謂「言語道斷心行處滅」，即指既無法用語言表達，亦不能以心思加以計度。

目的。行者依此應機接物，便能明白道即法界之理。

　　馬祖從「即心是佛」到「非心非佛」而總結「平常心是道」。又從「肯定」到「否定」歸納為「相合」的邏輯推理作為其佛性思想之理論。他曾告誡弟子說：

> 「道不用修，但莫污染。何為污染？但有生死心、造作、趨向，皆是污染。若欲直會其道，平常心是道。何為平常心？無造作、無是非、無取捨、無斷常、無凡無聖。經云：「非凡夫行，非聖賢行，是菩薩道。」只如今行住坐臥，應機接物，盡是菩薩道。道即是法界，乃至河沙妙用，不出法界。若不然者，云何言心地法門？云何言無盡燈？一切法皆是心法，一切名皆是心名，萬法皆從心生，心為萬法之根本。經云：「識心達本源，故號沙門。」名等義等一切諸法，皆等純一無雜。若於教門中得隨時自在，建立法界，盡是法界；若立真如，盡是真如；若立理，一切法盡是理；若立事，一切法盡是事；舉一千從，理事無別，盡是妙用，更無別理，皆由心之回轉。……一切法皆是佛法，諸法即是解脫，解脫者即是真如，諸法不出於真如；行住坐臥悉是不思議用，不待時節。……若見此理，真正不造諸業，隨分過生，一衣一衲，戒行增熏，積於淨業。但能如是，何慮不通！」[35]

　　馬祖的「平常心是道」所依據是「心為萬法之根本」及「一切法皆是佛法」故須「事理雙通」。從思想上看，顯然受《華嚴經》之「四法界」[36]影響。馬祖以《華嚴經》中之「海印三昧」

---

35 《江西馬祖道一禪師語錄》，《卍續藏》第 119 冊，頁 810-811。
36 即華嚴宗之宇宙觀。又作四種法界、四界。華嚴認為全宇宙係統一於

形容平常心基本內涵是胸懷天下，利益群生，其本質是菩薩道。

四、總　結

綜觀上述，馬祖的禪法思想體系從「即心是佛」、「非心非佛」、「平常心是道」三者所構成，成為馬祖畢生之佛學思想結晶。他的貢獻在於把禪的智慧生活化、簡單化、現代化，不事雕琢，隨處任真，觸境皆如，推動禪法之革新。馬祖在修行上堅持南宗「頓悟」本色，但又能突破舊傳統，創禪宗之新路向，使禪宗的宗教哲學更臻完善。他強調「道不用修」、「道不屬修」，以「平常心是道」突出他的佛性思想，成為六祖慧能後一次革新的變化。《宋高僧傳》記載：

一心，若由現象與本體觀察之，則可別為四種層次：（一）事法界，指差別之現象界。事，為事象；界，為分齊之義。即宇宙各種事物皆由因緣而生，各有其區別與界限；而世俗認識之特徵，則以事物之差別性或具特殊性之事物，作為認識之對象，此稱情計之境，雖有而非實，不屬佛智範圍。（二）理法界，指平等之本體界。理，為理性；界，為性之義。即宇宙之一切萬物，本體皆為真如，平等而無差別。故宗密之註華嚴法界觀門謂，理法界，即無盡事法，同一理性之義。此現象之共性，皆為空性；理，即是本心、佛性、真如。然達此境界尚未顯真如妙用，故並不完全。（三）理事無礙法界，指現象界與本體界具有一體不二之關係。即本體（理）無自性，須藉事而顯發；而一切萬象，則皆為真如理體之隨緣變現。此即理由事顯，事攬理成，由此顯出理與事互融無礙之法界。據大乘起信論義記卷上所載，如來藏隨緣成阿賴耶識，此即理徹於事；亦可依他緣起無性同如，此即事徹於理。然尚非佛智之最高認識。（四）事事無礙法界，指現象界本身之絕對不可思議。即一切諸法皆有體有用，雖各隨因緣而起，各守其自性，事與事看似互為相對，然多緣互為相應以成就一緣，且一緣亦冕助多緣。以其力用互相交涉，自在無礙而無盡，故稱事事無礙重重無盡。又作無盡法界。（參閱《佛光大辭典》：「三觀」706、「四法界觀」1718、「法界」3367），頁1717。）

「其後一公振法鼓于洪州。其門弟子曰惟寬懷。暉道一大
緣。將訖謂寬等曰。吾師之道存乎妙者也。無待而常。不
住而至。能事集矣。金口所生從法而化。於我為子及汝為
孫。一燈所傳何有盡者。」[37]

　　馬祖將南宗禪法發揮得淋漓盡致，可謂波瀾壯闊，風靡南北，
一時無兩，成為唐禪宗史上影響禪法思想重大變化之中流砥柱人
物，而其禪法之精力彌滿，含蓄閎深，更成漢地佛教之代表。故
馮友蘭先生說：佛教傳入中國後，與本土宗教及哲學相互融貫及
不斷發展，將佛家和道家思想結合而推至頂峰[38]，尤其是禪宗最
能代表「中國佛學」[39]。佛教法門無量，方便度生，禪門一學，
成當時奇葩，追本尋源，佛之禪學由定生慧，與我國固有儒學「靜
則生明」大學之道甚為相似。故太虛大師亦言：「中國佛教的特
質在禪」，誠非虛語。唐開元天寶始，下迄宋初，不單禪門旗幟
高舉，而且影響儒學孕育宋以後的新理學。

　　在馬祖道一之前的禪宗祖師沒有自己的寺院，多崇尚頭陀之

---

37 《大正新脩大藏經》第五十冊 No. 2061《宋高僧傳》，頁 0761b01（09）
　　-0761b04（00）。
38 馮友蘭：《中國哲學簡史》。香港：三聯書店，2005 年，頁 256。
39 馮友蘭認為：「中國佛學」和「佛學在中國」的含意是不同的。佛教的某
　　些宗派始終堅守印度佛教的宗教和哲學傳統，和中國思想不相關聯，例
　　如唐代玄奘法師（西元五九六-六六四年）由印度介紹到中國的法相宗（著
　　重一切東西都是「識」所變，亦稱「唯識宗」），可以稱之為「佛學在中
　　國」。它們在中國的影響僅限於某個圈子裡，並僅限於某個時期。它們沒
　　有試圖去接觸中國思想界，因此，對中國人的思想發展也沒有產生任何
　　作用。「中國佛學」則是佛學傳入中國後，與中國哲學思想接觸後的發展。
　　下面我們將會看到例如「中道宗」，與道家思想便有某些相似之處。中道
　　宗與道家思想的相互作用導致「禪宗」的興起，它是佛家，而在思想上
　　又是中國的，並形成中國佛教的一個宗派。它雖是佛教的一個宗派，卻
　　對中國哲學、文學、藝術產生了深遠的影響。（見馮友蘭：《中國哲學簡
　　史》。香港：三聯書店，2005，頁 244。）

行。自道一禪師始，禪門徒眾驟增及賴官府大力支持，禪宗叢林系統方生，規矩明確，俗話說「馬祖創叢林，百丈立清規」，是故馬祖創立的叢林制度，對於後世漢傳佛教的發展影響廣泛。

"On the life of Mazu Daoyi and his Chan meditation thought and methods"

Abstract

The Chinese School of Chan Buddhism regards Budhidharma as its first Patriarch. He was an Indian monk who came to China in Northern Yi Dynasty. His practice stresses on direct mind to mind meditative approach which does not rely on words and scriptures. It is an alternative way of transmitting the teaching outside the traditional way which relies on scriptures and words. His teaching is called Chan（dhyana）Buddhism for its emphasis on dhyana meditation practice and realizing the Buddha Nature. The teaching was then passed on to Hui-ke（second Patriarch）, Seng-tsan（third Patriarch）, Tao-hsin（Fourth Patriarch）and to Hung-jen（Fifth Patriarch）who had a number of outstanding disciples including Shen-hsui, Hui-neng and Dao-ming. Shen-hsui successfully spread his way of practice in northern China and his approach was later recognized as Gradual School or Northern School of Chan Buddhism. Hui-neng was bestowed the robe and the bowl of Bodhidharma which were the symbols of being a lineage holder of the Chan Buddhism. He spread his teaching in southern China and his approach was later recognized as the Southern School of Chan Buddhism. Chan Buddhism which stressed on sudden enlightenment and 'the mind is the Buddha' as taught by Hui-neng became very popular and had been practiced by more and more people. Later the two great Chan masters Mazu Daoyi and Sitao became well accepted and had many followers. Among them, five Chan masters established their own lineages of Chan Buddhism which later became a wide spread influence in China.

Mazu Daoyi, the leader of the Hongzhou School of Chan Buddhism, had a systematic and unique way of teaching. The development of his teaching could be traced back from "The mind is the Buddha" to "Not the mind, Not the Buddha" and "Affirmation" to "Negation". He established the basic pursuit of his meditation practice as to achieve the 'ordinary mind' as delivered by the famous teaching: "the ordinary mind is the Way." He stressed that meditation practice should be beneficial to all people and could be applicable in ordinary life. To establish his theoretical foundation, he adopted a logical, dialectical and systematic approach, which had integrated the essence of Southern Chan Buddhism and the principles of the Lankavatara Sutra and the Flower Ornament Scripture. He directly looked into the source of enlightenment and the way to attain the Buddhahood. His approach became the foundation stone for the theoretical development of the studies of mind essence of the Chan Buddhism later.

Key words：Mazu　Buddha　Chan　meditation

〈略論佛教對中國小說之影響
── 南北朝至清〉

提　要

　　佛教傳入中國之後，在魏晉南北朝至明清，對中國的思想、文字有著重要的影響。文學從思想意識及創作，以至觀念、形式等，無不受著佛教思想所感染，在時間、空間上看，它受佛教影響既深且廣，故魯迅先生說：中國文學深受佛家的影響。此言非虛。

　　關鍵詞：佛教　中國小說　中國文學

一、前　言

　　文學既能反映民族特性、社會生活，是精神意識之寫照，也可作爲人類之精神食糧，中國文學自魏晉以來，無論在詩歌、文學、散文、戲曲、聲音、傳奇、志怪、小說、寓言等皆受著外來文化之因素所影響。

　　佛教自東漢年間傳入中國後，經過漫長的歲月和中國文化交織及融化，成爲中國文化不可分割的一部分，佛教典籍極富文學

色彩，且篇章優美，情節生動，技巧純熟，造諧高超，其中以馬鳴的《佛所行讚》較爲突出。這是一本讚美佛陀的長篇敍事詩，作品約於公元一世紀的產物，文字極爲優雅，文學價值甚高。這首詩比起我國古代敍事詩《孔雀東南飛》還要多長幾十倍，其它佛典的著作，例如《法華經》、《華嚴經》、《維摩詰經》、《佛本生經》、《六度集經》、《百喻經》、《法句經》、《維雜寶藏經》……，影響中國文學甚爲深遠，故清人劉熙戴曰：「佛書入中國又一變。」[1]魯迅言：「嘗聞天竺寓言之富，如大林深泉，他國藝文，往往蒙其影響。」[2]由此可見，佛教文學作品確有其獨特之處。不然，何故能衝擊中國文壇，故士大夫對天竺文化甚爲嘆服！《弘明集》載：「問曰。若佛經深妙靡麗。子胡不談之於朝廷。論之於君父。修之於閨門。接之於朋友。何復學經傳讀諸子乎。」[3]後漢書亦言：「漢自楚王英始盛齋戒之祀。桓帝又修華蓋之飾。將微義未譯而但神明之耶。詳其清心釋累之訓。空有兼遣之宗。道書之流也。且好仁惡殺蠲救崇善。所以賢達君子多愛其法焉。然好大不經奇譎無已。」[4]不無道理。清人龔自珍撰詩曰：「儒但九流一，魁儒安足爲，西方大聖書，亦掃亦包之。即以文章論，亦是九流師，釋迦謚文佛，淵哉勞我思。」[5]佛教初傳入中土，由於典籍未具，翻譯尙少，佛教哲理與本土文化甚爲相似，故中土士大夫對外來之物亦不加抗拒。直至談玄風盛，當時名僧

1　《藝概・文概》。

2　張德劭注譯：《百喻經》。廣州：花城出版社，1998，頁5。

3　《大正新脩大藏經》第五十二冊　No. 2102《弘明集》，頁0004c14（00）-0004c16（02）。

4　大正新脩大藏經　第四十九冊　No. 2036《佛祖歷代通載》，頁0514b01（05）-0514b05（00）。

5　清・龔自珍：《龔自珍全集》。上海人民出版社，1975，頁506。

如支遁、僧肇 、道安等學僧，廣泛弘揚，朝野上下的知識份子，爭相學習佛典，多不勝數。

　　佛教對中國文學的影響，可謂隨處可見，無孔不入，由於文學範圍太大，故此文只集中論其對小說方面之影響。

二、正　文

　　自佛教傳入中國，佛經對中國小說影響甚大，從文言小說到白話小說，從魏晉至現代，其痕跡無處不在，使我國文化起了革命性之變革。當時士大夫對初傳之佛典，視為道學或玄學之類，至玄風盛行，文人雅士便爭相仿效，學習佛典，風靡一時。小乘經作為先頭部隊，將宿命因果之思想傳入，其神話與故事成為中、下階層所接受。至大乘經典傳入，其哲理更直接影響宋人的理學思想。

（一）南北朝時期

　　文化特色首重與時代接軌，著重人生實際上的問題。六朝以前，我國文學以楚辭之離騷，九歌、山海經……，其系統紊亂，欠缺條理。文學方面，小說、神話更比不上印度及希臘那麼富感情色彩及生動朝氣之作品。此外，我國對小說家之流不太重視，常言道：

　　　「小說家者流，蓋出於稗官，街談巷說，道聽途說之所造也。孔子曰：『雖小道，必有可觀者焉，致遠恐泥，是以君子弗為也。』然亦弗滅也。閭巷小知者之所及，亦使綴

而不忘；如或一言可采，此亦芻蕘狂夫之議也。」[6]

由此可見，爲小說是「君子不爲」，只是「小人」才喜歡小說。又認爲小說多是道聽途說，故其作品甚少流傳下來，地位也不崇高。

南北朝時，情況迥異，一些文人將故事、小說等筆錄成書，名曰誌、錄、記、傳等。蓋其不獨喜談佛教義理，而且是佛教信仰追隨者，例如顏延之與名僧慧靜、慧彥結交，著《釋何衡陽達性論》等文章，維護佛教之正道。六朝時，佛教採「唱導」[7]方式布教，《高僧傳》記載：

> 「此其上也。昔草創高僧本以八科成傳。卻尋經導二技。雖於道爲末。而悟俗可崇。故加此二條足成十數。」[8]

又據魯迅說：

> 「六朝志怪思想發達的，便是印度思想之輸入。因爲晉、宋、齊、梁四朝，佛教大行，當時所謂的佛經很多，而同時鬼神奇異之談也雜出，所以當時合中，卻兩國底鬼怪到小說裏。使它更加發達起來，如陽羨鵝籠的故事。」[9]

魯迅認爲佛教傳入改變了小說的創作，並爲小說家激發一些新思維，又神怪之說爲他們帶來新的觀念，更激發了中國人的創

---

6 《漢書·藝文志》。

7 唱導《高僧傳》說：「唱導者，蓋以宣唱法理，開導眾心也。昔佛法初傳，于時齋集，止宣唱佛名，依文教禮。至中宵疲極，事資啓悟，乃別請宿德升座說法，或雜序因緣，或傍引譬喻。其後廬山慧遠道業貞華，風才秀髮，每至齋集，輒自升高座，躬爲導首。廣明二世因果，卻辯一齋大意。後代傳授，遂成永則。」(《大正新脩大藏經》第五十冊 No. 2059《高僧傳》，頁 0417c07（00）-0417c15（08）。)

8 《大正新脩大藏經》第五十冊 No. 2059《高僧傳》，頁 0417c28（02）-0418a01（00）。

9 魯迅：《中國小說史略》，香港：三聯書店，1996，頁 321。

作力。他更指出小說、戲曲，如干寶《搜神記》，《拾遺記》、《靈鬼志》、《幽明錄》、《續搜神記》等皆受佛教文化所影響，才有別於六朝以前之作品。茲舉數例，以茲證明：

《搜神記》[10]是志怪小說之代表，其中優秀的作品，多不勝數，有記載以下一則故事：

> 「又漢武帝。鑿昆明池得墨灰。以問東方朔。朔云。非臣所知。可問西域胡人。後外國沙門竺法蘭來。因以事問。蘭云。是劫燒餘灰也。方朔既博識通人。生知俊異。無問不酬無言不答。豈容不達。逆記胡人。蓋是方朔久知佛法興行勝人必降。故有斯對也。佛既去世。阿難總持一言不失。迦葉結集羅漢千人。咸書皮紙並題木葉。致令五百中國各共奉持。十六大王同時起塔。逮于漢世東流二京。所經帝王十有六代。翻梵經本為漢正言。相承至今垂六百祀。是以佛日再曜。起自永平之初。經像重興。發于開皇之始。」[11]

又如吳均的《續齊諧記》記載：

> 陽羨許彥，于綏安山行，遇一書生，年十七八，臥路側，云腳痛，求寄鵝籠中。彥以為戲言。書生便入籠，籠亦不更廣，書生亦不更少，宛然與雙鵝並坐，鵝亦不驚。彥負籠而去，都不覺重。前行息樹下，書生乃出籠，謂彥曰：

10　《搜神記》又稱《搜神錄》。是書原三十卷，宋以後散佚不全，明人胡應麟有輯佚文，編訂為二十卷，嗣後胡震亨刻入《秘冊召匯函》，毛晉又收入《津逮秘書》，於是得行於世。今人汪紹盈有校注本。《晉書》本傳說是書採集「古今祇靈錄異人物變化」。作者自序云寫作是書旨在：「發明神道之不誣」。然內容富贍，佳作頗多，文采斐然，因而時人稱讚干寶為「鬼之董狐」。

11　《大正新脩大藏經》第五十二冊 No.2103《廣弘明集》，頁0166b10（00）-0166b21（01）。

「欲為君薄設。」彥曰：「善。」乃口中吐出一銅奩子，奩子中具諸肴饌，珍羞方丈。其器皿皆銅物，氣味香旨，世所罕見。酒數行，謂彥曰：「向將一婦人自隨，今欲暫邀之。」彥曰：「善。」又於口中一吐一女子，年可十五六，衣服綺麗，容貌殊絕，共坐宴。俄而書生醉臥，此女謂彥曰：「雖與書生結妻，而實懷怨。向亦竊得一男子同行，書生既眠，暫喚之，君幸勿言。」彥曰：「善」。女子於口中吐出一男子。年可二十三四。亦穎悟可愛，乃與彥敘寒溫，書生臥欲覺，女子口吐一錦行障遮書生，書生乃留女子共臥。男子謂彥曰：「此女子雖有心，情亦不甚。向復竊得一女人同行，今欲暫見之，願君勿泄。」彥曰：「善。」男子又於口中吐一婦人，年可二十許，共的戲甚久。聞書生動聲。男子曰：「二人眠已覺。」因取所吐女人，還納口中。須臾，書生處女子乃出，謂彥曰：「書生欲起。」乃吞向男子，獨對彥坐。然後書生起，謂彥曰：「暫眠遂久，君獨坐，當悒悒邪？日又晚，當與君別。」遂吞其女子。諸器皿悉納口中，留大銅盤。可二尺廣，與彥別曰：「無以藉君，與君相憶也。」彥大元中，為蘭台令史，以盤餉侍中張散。散看其銘，題云是永平三年作。[12]

故事中情節幻變，人情虛偽，富想像力，反映士大夫互相欺騙，生活醜惡的片段。這種故事內容來源於印度，取材後加以修飾，在《舊雜譬喻經》卷上〈梵志吐壺事〉找到一則類似的故事，魯迅認為，此故事實為印度經文之轉化而來，唯其奇詭，卓然可

12　《宋史・藝文志》。

觀。可見佛教對志怪小說之影響，在思想及內容上，確有積極之意義。

六朝志怪小說，作品繁多，藝術源長，除《搜神記》，其餘有《幽冥錄》、《拾遺記》、《列異傳》等佳作，琳琅滿目，多不勝數；寓典籍於敘事，創想像於自由，化思維於靈異，融事入於傳說，為小說新境界開創幽奇之路。故其時佛教文化對中國影響甚大。

（二）唐代時期

唐五代譯典大盛，名僧輩出，佛教和本土宗教相互結合，在學術有突破性的成就。文人雅士多受佛典的影響及薰陶，作品所彰顯的思想甚有佛教的味道，特別是禪宗法門，多為士夫所推崇，例如唐詩人李白、杜甫、王維、孟浩然等，其詩充滿禪趣，洋溢澄淡優雅，自然天成，意境高遠，且獨具一格。茲舉數詩以證之：

　李白：「孤帆遠影碧空盡，惟見長江天際樓[13]」

　　　　「桃花流水杳然去，別有天地非人間[14]」

　杜甫：「水流心不競，雲在意俱遲[15]」

　　　　「片雲天共遠，永夜月共孤[16]」

　王維：「行到水窮處，坐看雲起時[17]」

　　　　「新翠時分明，夕嵐無處所[18]」

13　李白：〈送孟浩然之廣陵〉。
14　李白：〈山中問答〉。
15　杜甫：〈江亭〉。
16　杜甫：〈江漢〉。
17　王維：〈終南別業〉。
18　王維：〈木蘭柴〉。

　　孟浩然：「嚴扉松徑長寂廖，惟有幽人夜來先[19]」

　　　　　　「孤星淡河漢，疏雨滴梧桐[20]」

　　詩中含蘊，各具特色，各顯風格，頗與禪意相合，詩境高妙，宗教情緒甚爲濃厚。

　　唐五代之小說雜記，多兼容儒、釋、道三家色彩，《西遊記》述玄奘求法故事，更顯示印度人喜於幻想及思維，相比中國之《神仙傳》、《列仙傳》，相形見拙。故胡適先生說：

> 「中國固有的言語學很少是富於幻想力的，像印度人那種上天下地毫無拘束的幻想力，中國文學裏竟尋不出一個例，長篇韻文如〈孔雀東南飛〉只有寫實的敘述，而沒有一點超自然或超過空間，時間的幻想，這真是中國古文學所表現的中國民族性。在這一點上，印度人幻想文學之輸入確有絕大的解放力，試看中古時代的神仙文學如列仙傳，神仙傳，何等簡單？何等拘謹？從列仙傳到西遊記，封神榜，這裏面才是印度的幻想文學的大影響。」（《白話文學史》）[21]

　　印度文學，無奇不有，變化萬千，想像豐富，思想奇詭，其中《維摩詰經》記載一文如下：

> 「時維摩詰室有一天女。見諸大人聞所說法便現其身。即以天花散諸菩薩大弟子上此下第二明天女大士身子。小乘論二種解脫證用不同。委曲料簡知大小之懸殊使歸宗矣。大文分七。一明二種解脫習盡不同。二止此室下約理明即

19　孟浩然：〈夜歸鹿門歌〉。
20　孟浩然：〈斷句〉。
21　轉載自釋恆清：〈禪淨融合主義的思惟方法 ── 從中國人的思惟特徵論起〉臺大哲學論評（第十四期）民國八十年一月（1991 年 1 月），頁 230。

不即異。三於三乘下約教明乘無乘異。四轉女身下就相明轉不轉異。五沒生下就報明生滅不生滅異。六文如下就修明得不得異。七淨名述記其本跡。初文有七。第一散花供養。第二有墮不墮。三神力去華。四天問所以。五答如不答法。六彈呵解釋。七結惑盡不同。此初也。肇曰。天女即法身大士。常與淨名共弘大乘不思議道。故現為宅神同處一室。見大眾集聞所說法故現身散花欲以生論也。花至諸菩薩即皆墮落。至大弟子便著不墮二者有墮不墮。生曰。雖天力使然而招之身有在矣。一切弟子神力去花不能令去三去花也。肇曰將辯大小之殊故使花若此。[22]

中國平劇之《天女散花》，便據此經文而加以創作。故胡適先生在《白話文學史》說：《法華經》中的幾則寓言世界文學裏最美的寓言。

唐代傳奇標誌著作品「作意好奇」，魯迅更指它能「遂及於曲」不無道理。因為很多傳奇作品已改編成「話本」，例如《清平山堂話本》的〈陳巡檢梅嶺失妻記〉、《喻世明言》的〈陳從善梅嶺失渾家〉、《初刻拍案驚奇》的〈李公佐巧解夢中言，謝小娥智擒船上盜〉，而被改篇成戲劇的唐傳奇則更多，例如：元·尚仲賢的《柳毅傳書》、明·黃說中的《龍簫記》、清·李漁的《蜃中樓》；明·湯顯祖的《紫簫記》和《紫釵記》；元·石君寶的《李亞仙花酒曲江池》、明·薛近袞的《繡襦記》；金董解元的《弦索西廂》、明·王實甫的《西廂記》；清·洪昇的《長生殿》；明·湯顯祖的《南柯記》；明·張鳳翼和張太和都作過

---

22 《大正新脩大藏經》第八十五冊　No. 2777《淨名經集解關中疏》，頁0477c29（00）-0478a19（00）。

《紅拂記》、凌成初有《虬髯翁》；明‧陸采的《明珠記》。此外，季羡林先生指出，「唐傳奇受佛教之影響實無可置疑，當中包含形式及內容兩方面。」唐之傳奇，本述委曲豔麗爲主，文字修飾華美，後成文人炫耀自身之才華，辭藻艱深，脫離大眾之認知，最終成爲文人雅士之專利品，不能普及發展。

（三）唐之變文

唐時呈現一種新文體 —— 「變文」[23]，在憲宗至宣宗期間大行其道，其產生並非偶然，它的根源是佛教用來傳道之一種應世的方式。這種佈教方法，早期只是一種宣傳品而已，其後漸爲民間所接受，成爲宗教內容的一部分，多以史事、民間、英雄故事爲叙述內容，逐漸流行於民間，形成一種新的文學體裁。變文之出現，正是民間老百姓對佛教信仰之寄托，故用顯淺易明的語言講解佛時教義。自能得到普遍民眾和信徒所接受，使佛教在社會上更爲流行，更爲普及。變文之興起，蓋與佛經之體例 —— 十二部經[24]，有著密切之關係。據張錫厚先生說：變文不外「講唱佛

---

23 變文：「變文」一詞的來源就是與「變相圖」相同，一如鄭振先生所說的「變相」，故「變文」之「變」，實指「變更」了佛經的本文而成爲俗講之意。

24 十二部經：乃佛陀所說法，依其叙述形式與內容分成之十二種類。又作十二分教、十二分聖教、十二分經。即：（一）契經，又作長行。以散文直接記載佛陀之教說，即一般所說之經。（二）應頌，與契經相應，即以偈頌重覆闡釋契經所說之教法，故亦稱重頌。（三）記別，又作授記。本爲教義之解說，後來特指佛陀對眾弟子之未來所作之證言。（四）諷頌，又作孤起。全部皆以偈頌來記載佛陀之教說。與應頌不同者，應頌是重述長行文中之義，此則以頌文頌出教義，故稱孤起。（五）自說，佛陀未待他人問法，而自行開示教說。（六）因緣，記載佛說法教化之因緣，如諸經之序品。（七）譬喻，以譬喻宣說法義。（八）本事，載本生譚以外之佛陀與弟子前生之行誼。或開卷語有「佛如是說」之經亦屬此。（九）

經故事」和「歷史故事」兩種：據張錫厚言：

「其一，先引述一段經文，然後邊講邊唱，敷衍鋪陳。如
《維摩詰經變文》、《阿彌陀經變文》、《妙法蓮華經變
文》等都是直接宣講佛經經義，宣傳佛法無邊的。有人把
它們稱作『講經文』，就是這個意思，其中《維摩詰經講
經文》是唐代一部弘偉揮灑巨著，大約有三十卷左右，今
天能見到還有十五卷以上，完全是演繹〈維摩詰經〉，在
講唱每節之前，先引經文一則，然後根據經文加以渲染，
常常是一、二十字的經文，被鋪陳為三、五千字的長篇大
幅；用不同的人物、不同的語言來描寫相同的場景，想像
十分豐富，寫法也很高明，令人耳目一新。它是這類作品
中著名的敘事詩。其二，是直接講唱佛經神變故事，本文
前不引經文，而是依據佛經裏的一個故事，一個傳說，自
由地抒寫闡揚，揮灑成篇，其中某些作品有濃厚的生活氣
息，故事情節，人物形象都很生動有趣，由於主要目的不
是為宗教服務，思想內容仍受經義佛理的限制，如《降魔
變文》、《目連救母變文》等，也都是宣傳因果報應，地
獄輪迴的作品。《降魔變文》出自《賢愚經》，是一篇較
好的作品，特別是描寫佛弟子舍利弗與六師鬥法，寫得極
為精彩⋯⋯這場鬥法變化萬千，奇象異景，別有洞天。舍
利弗先後變成金剛、獅子和鳥王，戰敗六師幻化的寶山、

本生，載佛陀前生修行之種種大悲行。（十）方廣，宣說廣大深奧之教義。
（十一）希法，又作未曾有法。載佛陀及諸弟子希有之事。（十二）論議，
載佛論議抉擇諸法體性，分別明了其義。此十二部，大小乘共通。（參閱：
〔原始佛教聖典之集成第八章（印順）〕，頁 344。）

　　水牛和毒龍。作者以驚人的想像、奇特的構想、絢麗的文字，描繪出千匯萬狀的場景，是那樣的驚心動魄。《目連救母變文》出於《佛說盂蘭盆經》。……這篇變文敍述佛弟子目連歷盡千辛萬苦救母出獄的故事。目連的母親青提夫人，由於不信佛，被墮入地獄。這時，得證善果的目連便借佛力，遍歷地獄，訪求其母，最後在如來的幫助下，其母才得脫離苦海，變文在對佛法的頌揚聲中結束。作品描寫地獄的淒慘、刑罰的殘酷、獄卒的冷酷無情以及如來的佛力萬能，都是現實社會的曲折反映，在一定程度上表現出對現實的批判意義。」[25]

　　變文的手法和技巧極其渲染，盡其誇張，文字跳躍，辭彩絢麗，其篇幅每每比原文多出數十倍以上，而《妙法蓮華經變文》、《阿彌陀經變文》、《目連變文》、《地獄變文》、《王昭君變文》、《伍子胥變文》和《維摩詰經變文》等等。其中以《維摩詰經變文》的作品最具代表性，茲引文證之。《維摩詰經》其中一段〈持世菩薩〉一文：經云：「憶念我昔住於靜室。時魔波旬從萬二千天女。狀如帝釋。鼓樂絃歌。來詣我所。」[26]這是原經文的一段，演譯如下：

　　　「是時也，波旬設計，多排婇女鑌妃，欲惱聖人，盛裝奢華，艷質希奇，魔女一萬二千，最異珍珠千般結果，出塵菩薩，不易惱他，持世上人如何得退敗。莫不盛裝美貌，無非多著嬋娟。若見時姣巧出言詞，稅調者必生退敗。若

---

25 張錫厚：《敦煌文學》。上海：古籍出版，1980 年，頁 73。
26 卍新纂續藏經　第五十七冊　No. 970《性善惡論》卷之三，頁 0405a02（04）-0405a03（02）。

其魔女者，一個個如花菡萏，一人人似玉無殊，身柔軟兮新下巫山，貌娉婷兮才離仙洞。盡帶桃花之臉，皆分柳葉之眉，徐行時若風颭芙蓉，緩步處似水搖蓮亞，朱唇旎旖，能赤能紅。雪齒齊寶平，能白能淨，輕羅拭體，吐異種之馨香，薄徽掛微身，曳殊常之翠彩，排於坐右。立在宮中。青天之五色雲舒，碧沼之千般花發，罕有罕有，奇哉奇哉。空將魔女嬈他，亦恐不能驚動，更請分為數隊，各逞逶迤。擎鮮花者殷勤獻上，焚異香者備切虔心，合玉指而禮拜重重，出巧語而詐言切切。或擎樂器，或即吟哦，或施窈窕，或即唱歌，休誇越女，莫說曹娥，任伊持世堅心，見了也須退敗。大好大好，希哉希哉，如此麗質嬋娟，爭不妄生動念，自家見了，尚自魂迷；他人睹者，定當亂意，任伊修行緊切，稅調著必見回頭；任尹鐵作心肝，見了也須粉碎。……魔王與其部下魔女，擾亂菩薩之室描寫得十分誇張。接著是轉入七言詩偈，叫做，「吟」、「韻」部分，魔王隊仗離天宮，欲惱聖人來下界；廣設香花中供養，更將音樂及弦歌。清冷空界音嘈嘈，影亂雲中聲響亮，胡亂莫能相比並，龜茲不易對他量。遙遙樂引出魔宮，隱隱排於霄漢內。香爇煙飛和瑞氣，花擎撩亂動祥雲。琵琶弦上弄春鶯，簫笛管中鳴錦鳳，揭鼓村頭敲碎玉，秦箏絲上落珠珍，各裝美貌逞逶迤，畫出玉顏誇艷態，個個畫哪花亂發，人人皆似月娥飛。從降下閉乾坤，出彼宮中遮宇宙，乍見人人魂膽碎。初觀個個盡心驚。（韻）波旬是日出天來，樂亂清霄碧落排。玉女貌如花艷圻，仙娥骨是月空開。天挑強逞魔菩薩。美質徒誇惱聖懷，鼓樂弦歌千萬隊，相

隨捧擁竟徘徊。誇艷質，逞身才，窈窕如花向日開，十指
纖纖如削玉，變眉隱隱似刀裁，擎樂器，又吹雀，宛轉雲
頭漸下來。……[27]

　　經文中所載之二十一個字，經俗講僧這誇張渲染，不但變成
一篇千多字之文章，而且創作生動。想像奇特，有色有聲，可見
佛教典籍翻譯文學，影響尤甚。印度人喜愛玄思，創作驚人，可
謂上天入地，動輒間「遍法界」、「盡虛空」、「十方」、「九
世」、「三千大千世界」、「眾生界」……，胡適認為，這些作
品皆受印度佛經之影響，細看中國本有文化，「不知生，焉知死」，
「未能事人，焉能事鬼」，「六合之外，聖人存而不論，聖人之
內，……聖人論而不議」[28]，截然不同。章太炎先生說，中國的
文學體裁十分單純的，駢文、散文及韻文，有明確分開，不作混
雜。他說：「二、駢文散文各有體要。駢文、散父，各有短長。
言宜單者，不能使之偶；語合偶者，不能使之單。《周禮》、《儀
禮》，同出周公，而《周禮》為偶，《儀禮》則單。蓋設官分職，
種別類殊，不偶則頭緒不清；入門上階，一人所獨，為偶則語必
冗繁。又《文言》、《春秋》，同出孔子，《文言》為偶，《春
秋》則單。以陰陽剛柔，非偶不優；年經月緯，非單莫屬也。同
是一人之作，而不同若此，則所謂辭尚體要矣。」[29]

　　由此可知，「變文」是受佛教外來文化的衝擊形而成的一種
中國文學新體裁。至於非佛經之故事，其體制無異典，故歸入變

27 秋樂：〈變文與中國文學〉‧《佛教與中國文學》台灣：大乘文化出版社，
　　中華文國六十七（1978），頁 177-179。
28 清‧王先謙著：《〈齊物論〉‧莊子集解》內篇卷二。
29 章太炎：《〈國學講演錄〉‧文學略說》
　　（http://blog.udn.com/david3942/3377403。）

文之範疇。它對小說等文學作品有深厚之影響，成爲文學史上不可分割的一部分。

（四）宋代時期

「話本」在宋朝甚受百姓歡迎，其文平常易明，以故事形式講話，易引起讀者共鳴，從藝術角度看，皆蘊含佛教的色彩。孫楷第先生說：「若乃通俗小說遠出唐代之俗講，近出宋人之說話。其初不過僧俗語演說，附會佛經及世間故事，寫梵唄之音以及俗部新聲，賣卷喻眾，有類俳優。」此謂宋代之「說話」其源出自唐代之「俗講」。對於這種傳承關係，鄭振鐸先生在《中國俗文學史》裏說得更清楚，他說：

> 「在敦煌所發現的許多重要的中國文書裏，最重要的要算是，『變文』了。在『變文』決有發現以前，我們簡直不知道，『平話』怎麼會突然在宋代產生出來？『諸宮調』的來歷是怎麼樣的？盛行於明、清二代的寶卷、彈詞及鼓詞，到底是近代的產物呢？還是『古已有之』的？許多文學史上的重要問題，都成為疑案而難於有確定的回答。但自從三十年前史坦因把敦煌寶庫打開了而發現了變文的一種文體之後，一切的疑問，我們才漸漸的可以得到解決了。我們才在古代文學與近代文學之間得到了一個連鎖。我們才知道，宋、元話本和六朝小說及唐代傳奇之間並沒有什麼因果關係，我們才明白許多千餘年來支配著民間思想的寶卷，鼓詞、彈詞一類的讀物，其來歷原來是這樣的。」[30]

---

30 鄭振鐸：《中國俗文學史》。台灣：商務印書館，中國文化史叢書，1965，頁 18。

　　這是說，因為有了唐代的「俗講」、「變文」，才有了宋代的「平話」。可見，「話本」乃是佛教「變文」世俗化、社會化在宋代文學上的一個重要表現形式。

　　話本思想主要反映時下百姓之社會生活，其結構採用詩，詞「入話」，對事物渲染烘托，多帶有規勸成分及以詩詞作結。北宋時，士大夫爭相習禪，佛教文壇亦為之一盛。例如蘇東坡對佛教的「華嚴宗」和「禪宗」有所體會，常與僧侶交往，被貶官時也曾與佛印交流禪法心得，其時賦詩一首：「稽首天中天，豪光照萬千，八風吹不動，端坐紫中蓮」，流傳至今，廣為後人津津樂道，故其思想充滿佛理 —— 人生哲理，明心見性，事理無疑，形神俱寂，禪機理趣……常在他的詩文中表露無遺。

（五）元朝時期

　　元繼唐宋遺風，文言小說續盛不衰，從作品中不難看到受佛教思想內容所影響的痕跡，例如《湖海新聞夷堅續誌》、《張生煮海》[31]等作品，滿佈佛教宣揚因果報應，善惡不爽之故事，《放鱉報恩》有此記載：

> 葉三大解元，槐蒼人。有饋大鱉者，投之水。數日又再進，熟視之，即前日所放之鱉，遂於腹下刺一「佛」字放生濟川橋下。壬子，詔父子同應鄉舉，洪水驟漲，舟過金水灘，幾覆。須臾復止，若有物扶其舟。及至安流，鱉現「佛」

---

31 《張生煮海》，也作《張羽煮海》，神話劇，元朝李好古所撰雜劇名，寫潮州青年張羽，與東海龍王之三女瓊蓮相戀，相約在中秋在沙門島成婚。但由於龍王反對，放水淹島，張生得仙女之助，煮沸海水，龍王乃許其婚事。

字，始知即所放鱉也。是夜，夢一皂衣嫗曰：「爾子璿今秋領鄉舉。」是年果然。[32]

文中的鱉現佛字明顯與佛教的戒殺放生，得善報之說有密切關係。佛教有這樣的一則故事，可從《六度集經》卷三得見之，其內容大同小異。而《張生煮海》是元著名雜劇，故事所載，張生終情一女，惟此女是龍王公主，張欲與她結合，龍王不悅，憤而大怒。佛經《大施抒海品》記載：

『若人至心，欲有所作，事無不辦。我得此寶，當用饒益一切群生，以此功德，用求佛道。我心不懈，何以不能？』是時首陀會天，遙見菩薩，一身一意，獨執勤勞，欲用充濟安樂一切。『我曹云何不往佐助？』展轉相語，來至其所。菩薩下器，一切諸天，盡以天衣，同弅水中，菩薩出器，諸天舉衣，棄著餘處，一反抒海，減四十里；二反抒之，減八十里；三反抒之，減百二十里。其龍惶怖，來到其所，語言：『止止！更莫抒海！』菩薩尋休。龍來問言：『汝求此寶，用作何等？』菩薩答言：『欲用給濟一切眾生。』龍復問言：『如汝言者，我曹海中眾生甚多，何以不與，必欲得去？』菩薩答言：『海中之類亦是眾生，然無劇苦。如閻浮提人民之類，為錢財故，殺害欺詐，作十不善，死墮三途。我以人類，解於法化，故來索寶，先充所乏，後以十善，而勸誨之。』龍聞其語，出珠還之。爾時海神，見其精進強力所作，即作誓言：『汝今如是，精進不休，必成佛道，我願為作精進弟子。』「菩薩得珠，

---

32 轉引自薛克翹：《中國與南亞文化交流志》。上海：人民出版社，1998，頁 278。

復更飛去。到便先問入海同伴賈客，即下在地。同伴見之，
驚喜無量，皆共歡言：『甚奇甚特！』[33]

　　這類菩薩求珠和龍王借珠的善報故事，皆與佛教息息相關，
由此可見一斑。

（六）明代時期

　　明代受佛經影響之小說當推《西遊記》，作者吳承恩依《平
話》骨架，而寫出一部神魔及血肉豐滿的文學巨著，玄奘取經已
成為家傳戶曉的讀物。據魯迅先生說：《西遊記》雖受唐人小說
所影響，但他不同意胡適先生所說，《西遊記》是由印度傳入。
他的理由是：《西遊記》的作者吳承恩未曾閱讀佛經及在中土所
謂天竺經論找不到類似作品。姑勿論《西遊記》是否從印度產生，
一個大家都同意的說法，此類故事含蘊不少佛教的內容。故事從
玄奘西遊取經開展，求經途中，遇妖魔阻攔，唐僧皆以佛法教化
他們，令其改邪歸正，如何行善去惡，終歷八十一難而取得佛經。
文中雖甚諷刺，惟佛教之人物、詞彙躍然於紙上，其中一段是這
樣的記載：

　　　　回長老短嘆長吁的道：「我東土人果是沒福，似這般無字
　　　　的空本，取去何用？怎麼敢見唐王？誑君之罪，誠不容誅
　　　　也。」行者早已知之，對唐僧道：「師父，不消說了，這
　　　　就是阿儺、伽葉那廝問我要人事，沒有，故將此白紙本子
　　　　與我們來了。快回去告在如來之前，問他揹財作弊之罪。」
　　　　八戒嚷道：「正是，正是，告他去來。」四眾急急回山無

33　《大正新脩大藏經》第四冊　No. 202《賢愚經》，頁 0408b26（04）-0408c18
　　（02）。

好步，忙忙又轉上雷音。

不多時到於山門之外，眾皆拱手相迎，笑道：「聖僧是換經來的？」三藏點頭稱謝。眾金剛也不阻擋，讓他進去，直至大雄殿前。行者嚷道：「如來，我師徒們受了萬蜇千魔，千辛萬苦，自東土拜到此處，蒙如來分付傳經，被阿儺、伽葉揹財不遂，通同作弊，故意將無字的白紙本兒教我們拿去。我們拿他去何用？望如來敕治。」佛祖笑道：「你且休嚷。他兩個問你要人事之情，我已知矣。但只是經不可輕傳，亦不可以空取。向時眾比丘聖僧下山，曾將此經在舍衛國趙長者家與他誦了一遍，保他家生者安全，亡者超脫，只討得他三斗三升米粒黃金回來。我還說他們忒賣賤了，教後代兒孫沒錢使用。你如今空手來取，是以傳了白本。白本者，乃無字真經，倒也是好的。因你那東土眾生愚迷不悟，只可以此傳之耳。」即叫：「阿儺、伽葉，快將有字的真經，每部中各檢幾卷與他，來此報數。」二尊者復領四眾，到珍樓寶閣之下，仍問唐僧要些人事。三藏無物奉承，即命沙僧取出紫金缽盂，雙手奉上道：「弟子委是窮寒路遙，不曾備得人事。這缽盂乃唐王親手所賜，教弟子持此沿路化齋。今特奉上，聊表寸心。萬望尊者將此收下，待回朝奏上唐王，定有厚謝。只是以有字真經賜下，庶不孤欽差之意，遠涉之勞也。」那阿儺接了，但微微而笑。被那些管珍樓的力士、管香積的庖丁、看閣的尊者，你抹他臉，我撲他背，彈指的，扭唇的，一個個笑道：「不羞，不羞，需索取經的人事。」須臾，把臉皮都羞皺了，只是拿著缽盂不放。伽葉卻才進閣檢經，一一查與三

藏。三藏卻叫：「徒弟們，你們都好生看看，莫似前番。」
他三人接一卷，看一卷，卻都是有字的。傳了五千零四十
八卷，乃一藏之數。收拾齊整，馱在馬上；剩下的，還裝
了一擔，八戒挑著。自己行囊，沙僧挑著。行者牽了馬，
唐僧拿了錫杖，按一按毘盧帽，抖一抖錦袈裟，才喜喜歡
歡，到我佛如來之前。正是那：

大藏真經滋味甜，如來造就甚精嚴。

須知玄奘登山苦，可笑阿儺卻愛錢。

先次未詳虧古佛，後來真實始安然。

至今得意傳東土，大眾均將雨露沾。[34]

　　神聖的佛家教義，頓爲諷刺之作。八戒說道：「只說凡人會
作弊，原來這佛面前的金剛也會作弊。

　　另明‧陳元之《西遊記序》記載：

太史公曰：“天道恢恢，豈不大哉！譚言微中，亦可以解
紛。”莊子曰；「道在屎溺。」善乎立言！是故「道惡乎
往而不存，言惡乎存而不可。」若必以莊雅之言求之，則
幾乎遺《西遊》一書，不知其何人所爲。或曰：「出今天
潢何侯王之國」；或曰：「出八公之徒」；或曰：「出王
自製。」餘覽其意近調笑滑稽之雄，佷言漫衍之爲也。舊
有敍，餘讀一過，亦不著其姓氏作者之名，豈嫌其丘裏之
言與？其《敍》以爲：孫，猻也，以爲心之神；馬，馬也，
以爲意之馳；八戒，其所戒八也，以爲肝氣之木；沙，流
沙，以爲腎氣之水；三藏，藏神、藏聲、藏氣之三藏，以

---

34 吳承恩：《西遊記》，第 98 回。（http：//www.haodoo.net/?F=558&P=98）

為郛郭之主；魔，魔，以為口耳鼻舌身意、恐怖顛倒幻想
之障。故魔以心生，亦心以攝。是故攝心以攝魔，攝魔以
還理。還理以歸之太初，即心無可攝，此其以為道之成耳。
此其書直寓言者哉！彼以為大丹之數也，東生西成，故西
以為紀。彼以為濁世不可以莊語也，故委蛇以浮世；委蛇
不可以為教也，故微言以中道理；道之言不可以入俗也，
故浪謔笑謔以恣肆。笑謔不可以見世也，故流連比類以明
意。於是，其言始參差而俶詭可觀；謬悠荒唐，無端崖涯
涘，而譚言微中，有作者之心，傲世之意。夫不可沒已！[35]

文中所言修心，是將內在的心猿意馬，顛倒幻想，摒諸門外，
此亦佛家之語！又清・尤侗《西遊真詮序》云：

後人有《西遊記》者，殆《華嚴》之外篇也。……蓋天下
無治妖之法，惟有治心之法，心治則妖治。記《西遊記》
者，傳《華嚴》之心法也。[36]

作者認為《西遊記》是《華嚴》之一部份，其心法更無出其
右。

從《西遊記》的藝術特點，可以看出奇特的想像，持一分的
真而創萬分的假，其世界光怪陸離，孫悟空在天上一日，凡間已
是一年。孫悟空被壓在五指山五百年，對他來說卻是一刻而已。
在《西遊記》的世界裏除有佛國、天國、鬼國等之外，上至天宮，
下至龍宮，洞府仙山，江海河湖，無不涉及，可見其空間是超地

---

35 明・陳元之，華陽洞天主人校：《西遊記・序》。(《新刻出像官板大字西
遊記，二十卷卷首、明萬曆間刊本，金陵世德堂梓行》。
36 尤侗著、陳士斌詮解：《西遊真詮序》。《西遊記》。台北：商務印書館，
民國五十七年（1968），頁 1。

域的。這種文學幻想藝術，與《水滸》、《三國演義》更顯其大膽，且思考奇特。這獨特化的著作，明顯受到佛教思想的文化影響。

（七）清代時期

自明至清，理學家的心性學已臻完善，統治思想牢固，惟一些不滿理學統治者，尋求批判理學，於是汲取佛教的精義，進行批判，如李贄、袁宏道等為表表者。到了清代，譚嗣同，龔自珍亦汲取佛教的思想，作為批判現實的武器。

從明代的小說，不難看到佛教思想成為小說的內容，例如因果報應，轉世輪迴、無常人生……比比皆是。而清代影響之一的文言小說集，當推蒲松齡的《聊齋誌異》。他的《畫壁》非常有名：

「江西孟龍譚，與朱孝廉客都中，偶涉一蘭若，殿宇禪舍，俱不甚弘敞。惟一老僧掛搭其中。見客人，肅衣出迓，導與隨喜，殿中塑志公像，兩壁圖繪精妙，人物如生，東壁畫散花天女，內一垂髻者，拈花微笑，櫻唇欲動，眼波將流。朱注目久，不覺神搖意奪，恍然凝想。身忽飄飄，如駕雲霧，已到壁上。見殿閣重重。非復人世。一老僧說法坐上，偏袒繞視者甚眾，朱亦雜立其中，少間，似有人暗牽其裾回顧，則垂髻兒，冁然竟去。履即從之。過曲欄，入一舍，朱次且不敢前。女回首，舉手中花，遙遙作招狀，乃趨之。舍內寂無人，遽擁之，亦不甚拒，遂與狎好。既而閉戶去，囑勿咳，夜乃復至。如此二日。女伴覺之，共搜得生，戲謂女曰：「腹內小郎已許大，尚發蓬蓬學處子

耶？」共捧簪珥，促令上鬟。女含羞不語。一女曰：「妹妹姐姐，吾等勿久住，恐人不歡。」群笑而去。生視女，鬢雲高簇，鬟鳳低垂髻時尤艷絕也。回顧無人，漸入猥褻，蘭麝熏心，樂方未艾。忽聞吉莫靴鏗鏗甚厲，縲鎖鏘然，旋有紛囂騰辨之聲。女驚起，與生竊窺，則見一金甲使者，黑而如漆，綰鎖挈槌，眾女環繞之。使者曰：「全未？」答言：「已全。」使者曰：「如有藏匿下界人，即共出首，勿貽伊戚。」又同聲言：「無」。「使者返身鶚顧，似將搜匿，女大懼，面如死灰，張惶謂朱曰：「可急匿榻下！」乃啟壁上小屏，猝遁去。朱伏，不敢少息。俄聞靴聲至房內，復出。未幾，煩喧漸遠，心稍安；然戶外輒有往來語論者。朱跼蹐既久，覺耳際蟬鳴，目中火出，景狀殆不可忍，惟靜聽以待女歸，竟不復憶身之何自來也，時孟龍潭在殿中，轉瞬不見朱，疑以問僧。僧笑曰：「往聽說法去矣。」問：「何處？」曰：「不遠」。少時，以指彈壁而呼曰：「朱檀越！保久遊不歸？」旋見壁間畫有朱像，傾耳佇立，苦有聽察。僧又呼曰：「遊侶久待矣！」遂飄忽自壁而下，灰心木立，目瞪足軟。孟大駭，從容問之。蓋方伏榻下，聞扣聲如雷，故出房窺聽也。共視拈花人，螺髻翹然，不復垂髻矣。朱驚拜老僧，而問其故。僧笑曰：「幻由人生，貧道何能解！」朱氣結而不揚，孟心駭而無主。即起，歷階而出。」[37]

蒲松齡對佛教知識頗有研究，故其所作之故事多與佛教有所

---

37 清・蒲松齡：《〈畫壁〉卷一・聊齋誌異》。

關連，他曾說：「幻由人生，此言類有道者。人有淫心，是生褻境；人有褻心，是生佈境。菩薩點化愚蒙，千幻並作，皆人心所自動耳。」由此可見一斑。

　　另一部清代表作《紅樓夢》也隱含佛家極強烈的「無常思想」。《紅樓夢》戚本第一回說：因毫不干涉時世，方從頭至尾，抄錄回來，問世傳奇。因空見色，由色生情，傳情入色，自色悟空，遂易名為情僧，改「石頭記」為「情僧錄」。東魯孔梅溪則題曰「風月寶鑑」。第十二回裡說：「賈瑞一把拉住，連叫菩薩救我。」那道士歎道：「你這病非藥可醫。我有個寶貝典你，你天天看時，此命可保矣。」說畢，從搭連中取出一面鏡子來，兩個皆可照人，鏡把上面鏨著「風月寶鑑」四動之症，有濟世保生之功，所以帶他到世上，單與那些聰明俊傑風雅王孫等照看。千萬不可照正面，只照他的背面，要緊要緊。……掔起風月寶鑑來，向反面，唬得賈瑞連忙掩了，……一睜眼，鏡子從裡吊過來，仍是反面立著一個骷髏。」

　　如果對照「大般涅槃經」的佛所說：「告諸比丘：菴婆羅女！今來詣我，形貌殊絕，舉世無雙，汝等皆當端心正念，勿生著意。比丘！當觀此身，有諸不淨，肝、膽、腸、胃、心、肺、脾腎、屎、尿、膿血，充滿其中。八萬戶虫，居在其內……。」[38]這明顯是佛教的「五停心觀[39]」之「不淨觀[40]」，佛教的無常思想的影

---

38 《大正新脩大藏經》第一冊　No. 7《大般涅槃經》，頁　0194c09（01）-0194c12（00）。

39 五停心觀：為息止惑障所修之五種觀法。又作五觀、五念、五停心、五度觀門、五度門、五門禪。

40 不淨觀：（梵　acubha-smrti），乃多貪之眾生觀想自他色身之不淨而息止貪欲之心。如觀想死屍青瘀等相以對治顯色貪，觀想鳥獸噉食死屍以對

響就是這樣的深而且厚。

此外，乾隆皇帝期間的紀曉嵐，晚作《閱微草堂筆記》[41]小說集，其內容多以狐鬼為材，文中佛教詞彙到處可見。諸如：三千世界、大千世界、三昧、羅漢、妙義、金剛、雨花、萬法、般若、輪迴、跏趺、觀音、袈裟、三世、六道、菩提、涅槃、浮提、法門、和南等。由此可知，佛教經典對中國文學之感染力

三、結　論

佛教思想自天竺東來後，在魏晉時不斷影響中國文化。唐時三教並行，相互滲透；宋代理學家更以佛教之義理批判儒學，佛教所言之「借微言以津道，托形象以傳真」（慧皎《高僧傳》卷九。）不論在觀念或實踐，對中國文學有直接的影響。佛教傳入的新詞彙，各朝作品，隨處皆見。有謂：「夫妻本是同林鳥，大難臨頭各自飛」之諺語。蓋原於佛經也。經云：

治形色貪，觀想死屍腐爛生蟲蛆之相以對治妙觸貪，觀想死屍之不動以對治供奉貪，及觀想白骨之骨鎖觀以對治以上之四貪。

41 紀曉嵐的《閱微草堂筆記》：紀昀，字曉嵐，又字春帆，河北獻縣人，乾隆朝進士，由編修，侍讀學士一直升到禮部尚書，協辦大學士。他是清代居於高位的文化人，是統治階級在文化界的代表人物。他學訓淵博，精通儒，佛、道三教，晚年寫出文言筆記小說（閱微草堂筆記）。此書二十四卷，前六卷總名為《灤陽消夏錄》，共 297 則故事；第七至十卷總名為《如是我聞》共 256 則故事；第十一至十四卷總名為《槐西雜誌》，共 215 則故事；第十九至二十四卷總名為《灤陽續錄》共 143 則故事。由於作者是精通三教的著名學者，所以他的這部小說集中必然要反映出佛教對他怕影響，而且，他寫的這些故事大多比較短小，故事後往往都有他的評倫，這是這部小說的顯著特點。

「譬如飛鳥暮宿高樹。同止共宿。伺明早起。各自飛去。
行求飲食。有緣即合。無緣即離。我等夫婦亦復如是。無
常對至隨其本行不能救護。[42]

　　其餘有:《木偶故事》、《蒼舒量象與棄老國》、《優波毱
提尊者與緊箍咒》、《大目健連與孫行者》、《沙爾降外道婆羅
門與車遲國僧道鬥法》、《盧至長者與真假悟空》、《斑足王與
比邱城》、《阿修羅與帝釋之戰》、《獼猴王與孫行者》、《鹿
女故事與狸貓換太子》、《驢唇仙人驢頭太子》、《奈女耆婆經
與王梵志》、《杜子春傳與佛本行集經》、《修行道地經與聊齋
畫皮》……以上之印度故事足跡,很容易在中國文學裏找到類似
之作,從而得知中國文學演變的動向及影響了。至於小說,自南
北朝之志怪、志人,唐朝之傳奇、變文,宋之話本,以至明清之
文言和白話小說等,皆無不受佛教思想影響;它對中國文學的新
觀念產生積極之作用。而「佛經」、「語錄」作品的出現,皆有
助推動中國的「通俗文學」、「白話文學」,故「佛教文學」之
社會地位,實不容忽視。

42　《大正新脩大藏經》第五十三冊 No. 2122《法苑珠林》卷 52,頁 0676c27
　　（05）-0677a01（08）。

〈比較《常清靜經》與《五重唯識觀》之「觀空遣欲」方法〉

提　要

　　道、佛兩教基於歷史的大洪流，自古至今，兩者不但在教理上互有融攝，而且在實踐的方法上也有共通之處。在「觀空遣欲」的修行過程上，雙方的修行方法頗有共通之處，道教的《常清靜經》和佛教的《五重唯識觀》所提供「觀空遣欲」的修行方法，首在去欲，而去「欲」之方法則在於「觀空」，使眾生達到「湛然常寂」或「涅槃寂靜」的深奧境界，故值得探討。本文主要以二者之「觀空遣欲」方法作一分析，以見其異同。
　　關鍵詞：常清靜經　五重唯識觀　觀空遣欲

一、前　言

　　道、佛兩教基於歷史的大洪流，不斷變遷及互相洗禮，彼此為了適應社會時代的步伐和民眾信仰之需求，自古至今，兩者不但在教理上互有融攝，而且在實踐的方法上也有共通之處。在「觀空遣欲」的修行過程上，雙方的修行方法頗有共通之處，道教的

《常清靜經》和佛教的《五重唯識觀》所提供「觀空遣欲」的修行方法，兩者不約而同指出：要達至寂靜之境，首在去欲，而去「欲」之方法則在於「觀空」。

前者，全經以「清靜」二字為主要宗旨，認為大道無形、無名、無情，但能生育天地、運行日月、長養萬物，人性本然清靜。然而，「人神好清，而心擾之；人心好靜而欲牽之。」[1]回到清靜的本性，其根本在於遣「欲」。遣欲的辦法，是「內觀於心，見心無其心；外觀於形，形無所形；遠觀於物，物無其物。」[2]心、形、物三者既無，那就到了能觀空，且悟到空無其空的境界。修行者進一步悟到「無其空」的「無」，再觀其「無無其無」，把這一籃子的概念離於名言，那才達到「湛然常寂」的境界，如此欲便不生；欲既不生，便是真靜。真靜應物，便能真常得性，常應常靜，便達到常清靜的境界，不至於流浪於生死輪迴之中。

後者，以「五重唯識觀」實證唯識性而制定的「修道次第」。行者在資糧位後即須加功修行，逐漸通達，方能見道，在斷惑證真中證得究竟圓滿果位。修觀之法，以觀照自心，觀照功久，則皇皇然，警惕之心自生，如是不退不懈，觀照之功，日深日醇，先如初生之月，漸漸光多闇少，以至於月輪圓滿，光輝煥然，則性體顯現！以上五重，自粗至細，自雜至純，自有相至無相，自有分別至無分別，如是修行，乃可至剝盡枝葉，純一直實。「五重唯識觀」修觀之法自淺至深，分為五重漸修，第一、遣虛存實觀：此觀為修唯識觀之核心，觀者若能明諸法無義（境）唯是識變，即能悟入。先總觀「百法」，續觀「三自性」，再觀「四尋

---

1 明·《太上老君說常清靜經》，收錄於《正統道藏》。（以下簡稱：《常清靜經》）
2 《常清靜經》。

思」。即觀萬法無實乃緣生法，於三自性中明諸法無義（境），遣除一切虛幻相 。第二、捨濫留純觀。此觀從主客的相對中觀照，攝外境為內心，這是為愚夫不解唯識，不解觀心。第三、攝末歸本觀：由識變現的客體對象轉化為與識統一，此中「本」指自證分，「末」即識變的幻相。作此觀能泯滅主客，消溶能所，體證唯識性。第四、隱劣顯勝觀：劣之情意，揚顯殊勝之慧力，從心王與心所活動上作觀。第五、遣相證性觀：諸法之虛幻不實，經過前觀後明了無相可得可遣，唯是識性，心外無法可證可得。五重唯識觀之究竟即能破二執，除二障，證二空，得四智，圓滿無上果位。我法二執的破除是大乘佛法，超脫於二界。

　　本文主要以《常清靜經》及《五重唯識觀》兩本經論之「觀空遣欲」方法作一分析，以見其異同。

二、《常清靜經》

（一）背　景

　　《常清靜經》作者不詳，出於《正統道藏》（洞神部·本文類，一卷），三百九十餘字，是道教日常持誦的功課之一，又名《太上老君說常清靜妙經》、《清靜經》、《太上老君說常清靜經》、《常清靜妙經》、《太上混元上德皇帝說常清靜經》等是道教老君西遊龜台之時，為西王母說經。後經仙人輾轉相傳，為葛玄所得，筆錄而傳之於世。葛玄曰：

　　「吾昔受之于東華帝君，東華帝君受之于金闕帝君，金闕

> 帝君受之于西王母。西王母口口相傳，不記文字，吾君于
> 世書而錄之。」[3]

《常清靜經》註本現存《道藏》中，所收錄的《清靜經》批
註亦多，有七家版本：1.唐末杜光庭、2.金代候善淵、3.元代李道
純、4.元代無名氏、5.元代道士（元丘處機等）、6.元末王元暉　7.
明朝王玠，各自注釋。學界認為，唐末五代的杜光庭為最早注本，
約成書於唐代，篇幅短小，影響甚大。[4]

（二）欲之根源

《常清靜經》云：「常能遣其欲，而心自靜。澄其心，而神
自清。自然六欲不生，三毒消滅。」其意為人之「神」本愛好「清」，
而「心」獨喜「靜」，但由於人有此二種東西不停地煩擾心神，
以致他們受到干擾而不能安靜，故人便沉淪生死，不能超脫三界。
所以道教教眾生徹底剷除三毒和六欲，以超升三界。何謂三毒、
六欲？三毒者：

> 「一者陰神之毒，而能害人之性；二者陰精之毒，而能害
> 人之命；三者陰氣之毒，而能害人臟腑，故謂三毒也。」[5]

然這三毒正正是人之貪嗔痴之煩惱，如果行者能夠徹底消滅
這種私慾雜念，妄心自然不動。而六欲者：

> 即六塵。道家以色、聲、香、味、觸、法、六塵，能生六
> 欲，學道者均應排遣之也。[6]

3　《道藏》第 1 及 19 冊。
4　《太上老君說常清靜註》載《道藏》，第 182 頁（杜光庭註）。
5　李叔還綸纂：《道教大辭典》。台北，巨流圖書公司，民國 68 年（1979），
　　頁 13。
6　李叔還綸纂：《道教大辭典》。台北，巨流圖書公司，民國 68 年（1979），
　　頁 108。

前者，修行者若能克制三毒，心不妄動，再加上澄清的功夫，自能安於虛空寂靜，無所罣礙；至此「三毒」、「六欲」自自然然地消滅無蹤了，達於心靜神明的功能。這「三毒」加上「六欲」可謂九種巨毒，乃害性命之罪魁禍首，它仿似一股邪淫之火，修道之人能夠操控之，並以先天之真水，遣欲澄心，滅火滌靜，則可自然而然心境朗徹，元神清明而超脫六塵；反之，名利、喜怒、聲色、滋味等纏繞心神，亂性惑情，則永無出塵之日！故大學言：「格物」；中庸說：「戒慎乎其所不睹，恐懼乎其所不聞。」；道德經曰：「不見可欲，使民心不亂。」又云：「五色令人目盲，五味令人口爽，五音令人耳聾。」；顏夫子曰：「非禮勿視、非禮勿聽、非禮勿言、非禮勿動。」。凡此種種，莫不叫人克己服禮，率性向道矣！

（三）「欲」與「心」、「神」之關係

如上所說，由於行者欲念不消，如瀑布之飛流，瀑布下之泉水，永無寧靜之日。行者亦然，妄心不斷向外追求物慾，心、神便無法自然安在，那麼心、神是何物？其實心與神是一體兩面，所謂「心」能分別善惡；「神」是超越善惡。所謂「心者神也，神者心也。」[7]

「神」是我們本來的狀態，由於「三毒」、「六欲」所牽，原本的我（神），離開應有的軌道，正因如此，故有痛苦、煩惱。而當「神」越軌之時，正是「心」受欲所牽動，故言：「未煉之神、謂之心；迷惑之神，謂之心。」[8]是也。經云：「夫人神好清，

7　《常清靜經》。
8　《常清靜經》。

而心擾之；人心好靜，而欲牽之。」[9]正是這個道理。這好比一位老闆（神）責罵一位不守規則之員工（心）一樣，而員工不知悔改，並出言不順（欲），老闆此時必肝火大動，一怒之下，輕則，於以責罵，重則，辭退之。故言：「心擾則神動，神動則心浮，心浮則欲生，欲生則傷神。」[10]

　　總的來說《常清靜經》將人之精神一分為二，二而為一。指出「心」如被「欲」所牽動，「心」就不能安靜下來；而這不靜的「心」又喜歡騷擾清明的「神」。「神」受「心」之影響就會起貪等念頭，於是煩惱叢生，身心苦憂，追其根源唯「欲」之因。然而，學道之人，應當如何遣欲？

（四）觀空層次

　　既然「欲」這個東西能夠令眾生沉淪生死海，所以修道者必需要刬除它。道教「遣欲」的方法繁多，唯行者需通過刻苦的修煉方可成就。根據《常清靜經》的方法，一個行者要斷欲則必需修靜坐「觀空」，其目的是澄心，泯除一切欲念及達至自然之境，最後才能證入「寂然」境界。余將此經之修觀方法分為六個層次，它們是：（1）內觀其心，心無其心；（2）外觀其形，形無其形；（3）遠觀其物，物無其物；（4）觀空亦空；（5）空無所空；（6）所空既無，無無亦無；修觀之法，詳列如下：

1.內觀其心，心無其心。

　　內觀其心，心無其心。一個修行者常常能夠排遣欲望的人，當他內觀內心的時候，他會領略到無心可觀。因為能夠排遣欲念

9　《常清靜經》。
10　《常清靜經》。

的人，心自然靜，神自然清。故此在打坐時心神能夠常清靜，常清靜就能照出我們心之所住，行者當下便察知「心無所住，就無心可觀。」經云：

「能遣之者，內觀其心，心無其心。」[11]

此為觀空之第一層。

2.外觀其形，形無其形。

外觀其形，形無其形。形者，即形體，身也。行者於內觀成功了悟觀心無心，接著下來便從內至外，觀形無形了。當我們身體與六塵接觸時，六欲便容易牽動吾「心」，進而擾亂於「神」，故行者需要透過靜坐的功夫做到「形無其形」，意謂欲望有其所住，有所訴求，欲望為所取的對象，心為能取的主人，這樣互相便有呼應，如果身為妄心所用，則亂；反之身為澄心所用，則靜，「澄其心，而神自清。」[12]心神清靜。便無所住，身自然悠然自得，達至「煉神還虛」的目的。老子曰：「吾有大患，唯吾有身；即吾無身，吾有何患。」身不被物欲驅使，這豈非是能夠做到「形無其形」嗎？如此又何來牽掛呢！此為觀空之第二層次。

3.遠觀其物，物無其物。

遠觀其物，物無其物。從「內觀其心」至「外觀其形」都是以自身為本；而「遠觀其物」則以身外之一切事物為目標了。宇宙中有形之物，乃幻化而生之假物，而大道之物則能生長萬物之物，如是，行者再觀萬物中之真物而捨棄假物，方能悟得此虛幻的道理。那時三毒摒除，六欲皆空，才可清靜，以清靜故，便能離欲。老子曰：「道之為物，唯恍唯惚。」才算是修真之道。又

---

11 《常清靜經》。
12 《常清靜經》。

云：「恍兮忽兮，其中有物。」此物表達一個能夠「遣欲」的人，不爲欲所牽動，而能夠驅使物欲，爲物欲之主人，這豈非「道之妙用」。行者通過內、外、遠前三觀法，把主客、心物二元逐一化解，觀其從內而外，由少而大，又展示小中無內、大中無外的無窮張力。[13] 人之本性，好靜好清，唯欲牽其心，心動其神，故心爲欲蔽，神爲心亂，離道愈遠。經云：「夫人神好清而心擾之，人心好靜而欲牽之。常能遣其欲而心自靜，澄其心而神自清。」[14] 觀空既成，自然「無欲」可生，神心便與萬化合而爲一，明通四達，神妙無方。故老子云：「故常無欲以觀其妙，常有欲以觀其徼。」[15] 此爲觀空之第三層次。

4.觀空亦空。

觀空的第四個層次是「觀空亦空」。從前三層觀空：「內觀其心，心無其心。」、「外觀其形，形無其形」。、「遠觀其物，物無其物。」所得出的結果是「心無所住、形無所用、物無所得。」的境界。此時行者已悟不住於「無」的道理，唯需再觀一次「空」，故名「觀空亦空」。須知大道無象，空亦有空象，摒棄空象，則真空之境更見廣大真實。石杏林真人曾曰：

「不知丹訣妙，終日翫真空。」[16]

就是體會道體無盡之妙也！此爲觀空之第四層次。

5.空無所空。

修道之人經過「觀空亦空」的階段，此時所呈現的是一種「直

---

13 小者，內觀其心，大者，遠觀其物；內者，心無其心；遠者，客無其客；主客既無，能所皆空。
14 《常清靜經》。
15 王弼注：《道德真經》卷1，缺年。
16 《常清靜經》。

觀」狀態，進入「觀空」的特殊智慧 ——「無知無識」，行者能觀之心和所觀之境皆無，故言「觀空亦空」。此時行者將會進入第五層次 ——「空無所空」。行者於禪觀中所呈現的心皆不執於有、無之相，自然「實相」浮現。宋代禪師有個禪門公案用來作此喻最好不過。禪師初入禪門修止觀時，體會禪像「見山是山，見水是水。」中期則有所悟，此時「見山不是山，見水不是水。」晚期禪師大悟，又說：「見山仍是山，見水仍是水。」此話何解？其實禪師從「有相」悟入「無相」，再從「無相」而證入「實相」之境。此為觀空之第五層次。

6.所空既無，無無亦無。

這如同「觀空亦空，空無所空，所空既無，無無亦無。」主觀的心，客觀的物都要排遣，到最後連這空的概念也摒除，至此，「湛然常寂」之境地自會出現，修道人便大功告成，因欲不生，故無欲可遣了。如《老子·四十八章》：「為道日損，損之又損，以至於無為。」「為道日損」，即是指實踐減損欲望的工夫，為道者當日日進展，無有懈怠，以至於無為境界是也。此為「觀空」之第六層次。

至此，行者達至「湛然常寂」之境 —— 見道，心境自自然然像澄清的水一樣，能夠清靜光明，心常寂靜，沒有妄念、忘心、妄行。既然妄動息止，自然欲不能生，欲不能生，就是真靜，故經云：「欲既不生，即是真靜，真常得住，常應常靜，常清靜矣！」[17]從《常清靜經》之遣詞用句，不難發現揉合儒、釋、道三家的詞彙，可知《常清靜經》實融攝三教思想，一爐共治，化度蒼生。

---

17 《常清靜經》。

全經以老子的本體論與人生論爲基礎，又貫通和包含佛教的三業、三界、空寂等名相，以及儒家的道德論，可謂一爐共冶三教，同化苦難蒼生。

三、佛教《五重唯識觀》

（一）背　景

　　佛教《成唯識論》的作者世親，又名天親。他的確實年代，東西方學者未達共識，據呂澂先生之《印度佛學源流略講》認爲，世親若生於公元五世紀人物[18]。而漢文的譯者是唐朝玄奘三藏法師。《成唯識論》之〈五重唯識觀〉建立，源自《阿含》，可說在原始佛教實踐「遣欲觀空」之一種修行證道之途徑。至《解深密經》、《阿毗達磨大乘經》相繼出現，最後基於教理解說之需要，遂成一套完整的思想體系及導致《攝大乘論》的成立，此論一出「唯識學」法幢高建，對闡釋《成唯識論》，即成爲海納百川之處。故此，不論理論與實踐都達到史無前例之巔峰。各派之理論儘管差異，觀法各異，但通過觀門這一方法作爲實踐之途徑卻是無異的。此即「歸元無二路，方便有多門。」之理也！

（二）「欲」之本

　　《唯識三十頌》所提及之欲，其實是「煩惱心所」。何謂煩惱，煩者煩悶、煩擾，惱者惱亂、惱熱。《大智度論·卷七》曰：

18　呂澂：《呂澂佛學論著選集》卷四，齊魯書社版，頁 2198-2199。

> 復次，一切煩惱結繞心故，盡名為「纏」。「煩惱」者，
> 能令心煩，能作惱故，名為「煩惱」。[19]

煩惱心所，總計有六，謂貪、瞋、癡、慢、疑、惡見等，又稱六種根本煩惱，由此能生起種種苦惱。成唯識論云：

> 煩惱心所其相云何。頌曰。煩惱謂貪瞋。癡慢疑惡見。釋
> 曰。此顯六種根本煩惱。此貪等六性是根本煩惱攝故得煩
> 惱名。[20]

欲之根源，詳列如下：

（1）「瞋心所：謂對「苦苦」、「壞苦」、「行苦」等「三苦」，及由此「三苦」所生的水、火、怨、害等一切「苦具」乃至一切違逆境相，產生憎恚的直接作用，這便是「瞋」的自性。能障「無瞋」善心，引至身心不得安穩，成為惡行的所依，這就是「瞋」的間接業用。

（2）貪心所：謂於「三有」及惑、業、器世界這些「有具」，乃至於諸法產生染著，這就是「貪」的自性，能障「無貪」善心的產心，反而引生「五取蘊」的「苦果」為「貪」的間接業用。

（3）癡心所：癡是一種迷惘的衝動，亦名「無明」；眾生迷於一切事理，為「癡」的自性，能障「無癡」善心的生起，及引生種種煩惱、隨煩惱、由煩惱作種種業，由業招引一切有漏的後世生命，這便是「癡」的間接作用。

（4）慢心所：「慢」心所以恃己所表，於他有情心生高舉傲

---

19 《大正新脩大藏經》第二十五冊　No. 1509《大智度論》，頁 0110a28（01）-0110a29（00）。

20 《大正新脩大藏經》第八十五冊　No. 2804《唯識三十論要釋》，頁 0969c06（05）-0969c09（07）。

慢的行爲，以爲自性，能夠妨礙不慢的產生，及由此引起生死輪迴、受諸苦惱，以爲「慢」的間接作用。

（5）疑心所：於「四諦」道理，乃至對任何事理，猶豫疑惑，爲「疑」的自性。能障不疑，使善品不生，這便是「疑」的間接作用。

（6）惡見心所：又名「不正見」，即由染慧所起業用，在諸諦理上，顛倒推度，以爲自性，能障善見的生起，招引苦惱人生爲間接的業用。[21]

以上六種煩惱能招致眾生生死輪迴，故名根本煩惱；眾生能除者便是聖者，反之則謂凡夫。

（三）觀空次第

五重唯識觀是慈恩宗的觀行法門。五重是：一、遣虛存實識，二、捨濫留純識，三、攝末歸本識，四、隱劣顯勝識，五、遣相證性識。[22]五重唯識觀的途徑，是簡擇一切萬法而實證唯識的道理。它的能觀體，是五位百法心所別境慧，如《法苑義林章》說，「能觀唯識以別境慧而爲自體」，又《心經幽贊》說，「以聞思修所成妙慧而爲觀體」。此即於所觀察的境界簡擇分別，獲得決定，斷除疑惑的作用。它的所觀體，是一切諸法，即遍、依、圓三性真妄境。按五重唯識的說法，證入最後的遣相證性識，即可

---

21 李潤生：《唯識三十頌導讀》。香港：密乘佛學會，博益出版集團，1994年，頁 215-216。

22 這五重裏面所說的識，是唯識觀的簡稱。這個觀法是慈恩宗著名的學者窺基法師，按照《攝大乘論·入所知相分》的綱格，採集《解深密》等經，《瑜伽》、《成唯識》等論的義蘊而組成，並爲實踐的方便區分作五重步驟，詳見於他所撰述的《大乘法苑義林章·唯識義林》及《般若波羅蜜多心經幽贊》。

圓滿唯識的實修，達到唯識的果位，但是這種果位的獲得，並不像五位修行那樣要經歷漫長的十地修行的過程，只要證得如五位修行中的加行位，在世第一位中便可見道。可以說，五重唯識的說法進一步將五位修行的說法予以實證化，同時點明了見道在唯識禪觀中的重要性。

1.遣虛[23]存實[24]觀[25]

遣虛之「虛」指遍計所執之妄法。一切異生，無始以來於遍計所執之妄法起有執，故今觀遍計所執，唯虛妄起，如龜毛、兔角，情有理無，都無體用，故應遮遣之！（此即以空觀遣有執）。存實：「實」指依他、圓成二性。一切異生，無始以來於依他、圓成起空執（不解依他、圓成故），故今觀依他、圓成是二智境界[26]，體用非無、理有情無，故應存留之！（此即以有觀遣空執）。

遣虛存實識，先就一切諸法所具有的遍（虛）依圓（實）三性，分別遣虛和存實。觀察遍計所執的實我實法，皆同龜毛兔角，只從虛妄分別生起，體用都無，所以應當正遣除作空。觀察依他起性是依託眾多的因緣而生起的事相，是後得智的境界，圓成實

---

23 「遣虛」義：唯識心要又云：「若夫唯之為言，乃是但遮愚夫所執，定離諸識實有色等（等取心、心所、不相應、無為也）。」

24 「存實」義：唯識心要卷七云：「須知識之為言，乃是總顯一切有情，各有八識、六位心所、所變相見，分位差別，及彼空理所顯真如。八識是識自相，故名為識；心所是識相應，故亦名識；相見是二所變，故亦名識；不相應行是三分位，故亦名識；無為是四實性，故亦名識。如是諸法，皆不離識，所以總立識名。」

25 唯識實驗學云：「修觀行人，跏趺或一切時，應如是觀：一切有情，雖各有心，心所等，乃至不相應行，無量諸法，無非是識自相，或與識相應，或識所變，識之分位，識之實性，而皆不離乎識，以不離義，則分別心滅，是名即照而寂。又非無分別義，是名即寂而照，如是寂照等持，則唯識觀成。」

26 圓成是正智之境，依他是後智之境。

性是圓滿成就真實的體性，是根本智的境界，都不離識，所以應當正存留作有。所以起此第一重觀，是由諸有情無始以來，執遍計我法為有，撥真俗事理為空，所以用遣虛觀對破執實我實法，用存實觀對遣撥無依他起性、圓成實性。這樣，觀察空有，遣除有空，所以叫作遣虛存實。這是空有相對的觀法。[27]

2.捨濫[28]留純[29]觀

捨濫留純識，依他起的諸識中，有相、見、自證、證自證四分，相分是所緣境（濫），後三分是能緣心（純），心只內有，境通內外，所以只說唯識，不說唯境。但是所謂外境，是遍計所執，亦即獨影境[30]，所以說它作外，並非其體實有。這樣，相分是依他起性的內境，和遍計所執性的外境，即執著心外有實法不同，然而都屬於所緣，恐怕互相雜濫，所以捨棄所緣相分的內境，只就純屬能緣的後三分觀察唯識的道理，這是心境相對的觀法。[31]

若行者問內境與識，既並非虛，如何但言唯識，不言唯境？唯識家言：

> 「識唯內有境亦通外。恐濫外故但言唯識。或諸愚夫迷執

---

27 它的典據是《攝大乘論》的「名事互為客，其性應尋思」；《成唯識論》的「識言總顯一切有情各有八識、六位心所、所變相見、分位差別及彼空理所顯真如」。

28 捨濫：「濫」指相分，所緣之境也。今恐心內之境（相分），濫心外之境（遍計所執），故捨而不取。

29 留純：「純」指後三分，能緣之心也。心體既純，故留說唯識。

30 法相宗所立三類境之一。謂依第六意識之妄想分別，浮現實我實法之相，此相非有實體，僅為意識之見分（能照知所緣對境之主體作用）所變現之影像；如現空華、兔角之境，所現之相，多為相分（所照知之對象），乃由於能緣之心所生之妄想分別而見之影像，非有實質，僅為幻像。（參閱《佛光大辭典》：〔成唯識論了義燈卷一末〕「三類境」，頁 6268。）

31 即《厚嚴經》的「心意識所緣，皆非離自性，故我說一切，唯有識無餘」；又相若於《華嚴經》的「三界唯心」。

於境起煩惱業生死沈淪不解觀心勤求出離。哀愍彼故說唯識言令自觀心解脫生死。非謂內境如外都無。[32]

此謂第八心、第七意，餘六識之所緣者，皆自心爲境。佛言：有如是理故，我說一切有爲、無爲，皆唯有識，無餘實心外境也。即如華嚴經云：

「若人欲了知，三世一切佛，應觀法界性，一切唯心造。」[33]

又遺教經云：

「是故汝等當好制心，心之可畏，甚於毒蛇、惡獸怨賊、……縱此心者喪人善事，制之一處無事不辦。」[34]

此經既云制心，不云制境，故能證成唯心也。以上所引經皆屬「捨濫留純」之觀法所攝。

3.攝末[35]歸本[36]觀

攝末歸本識，見相二分都依自證分起，即不外自體分上的能所緣用，是所變，叫它作末。自證分（本）是體、是能變。假如離開作爲本的自證分，就沒有作爲末的相見二分，所以攝用歸體即攝末歸本，只就自證分觀察唯識的道理，這是體用相對的觀法。[37]

---

32 《大正新脩大藏經》第三十一冊 No. 1585《成唯識論卷第十》，頁 0059a11（02）-0059a14（10）。

33 《大正新脩大藏經》第十冊 No. 279《大方廣佛華嚴經》，頁 0102a29（00）-0102b01（00）。

34 《大正新脩大藏經》第十二冊 No. 389《佛垂般涅槃略說教誡經》，頁1111a16（05）-1111a20（06）。

35 攝末：「末」指見相二分（相分在第二重時，已經捨棄，今在第三重時，被含攝者，只有見分，然就廣義之本末相對言，末字仍可包括相分）。

36 歸本：「本」指自體分。

37 《解深密經》的「諸識所緣唯識所現」文。只一識性，由薰習力，似有四分生起不同，剋實論之，相見之末，何嘗離於識體？故大佛頂經（即楞嚴經）云：「本是妙明無上菩提淨圓真心，妄爲色空（相分），及與聞見（見分），如第二月，誰爲是月？又誰非月？」成唯識論云：「變，謂識體轉似二分，相見俱依自證起故。」則用不離體，體外無用。解深密經云：「諸識所緣，唯識所現！」意謂諸識所緣鏡，唯是內識之所顯現！

4.隱劣[38]顯勝[39]觀

隱劣顯勝識，八識的自體分中，各有心王（勝）心所（劣）的分別。而心是所依，如主；心所是能依，如臣。所以以心王為勝，心所為劣，只說唯心，不說唯心所。如此，隱劣心所，顯勝心王，只就心王的自體觀察唯識的道理，這是王所相對的觀法。眾生謂五陰和合之生命體，此依彼心而假建立。第八識若是有漏雜染所攝，能依之五陰亦是雜染；第八識若是無漏清淨所攝，能依之五陰亦是清淨[40]。故《宗鏡錄》載：「佛告善現。不得離有為說無為。……許心似二現。如是似貪等。或似於信等。」[41]《八識規矩頌注》云：

> 心清淨故有情清淨。若無此識。染淨心不應有故。謂染淨法。因心而生。依心而住也。此識心淨染也。大意這一念不悟。便為染淨種子。種子或染或淨。差別不同。而念念常不斷。即名異熟。異熟必定趣生。落于界地所攝。[42]

又《成唯識論觀心法要卷第四》云：

> 「以心為本。因心而生。依心住故。心受彼熏。持彼種故。此引經先總略釋也。因心而生。即是起義。依心住故。即是集義。所謂集起名心。故為染淨諸法本也。心受彼熏。即所藏義。持彼種故。即能藏義。」[43]

---

38 隱劣：「劣」指心所。
39 顯勝：「勝」指心王。
40 據《說無垢稱經》載：舊譯作《維摩詰所說經》的「心雜染故有情雜染、心清淨故有情清淨。」
41 大正新脩大藏經　第四十八冊　No. 2016《宗鏡錄》卷第五十九，頁 0753b18（00）。
42 《卍新纂續藏經》第五十五冊　No. 897《八識規矩頌注》，頁 0448b18（07）-0448b21（03）。
43 《卍新纂續藏經》第五十一冊　No. 824《成唯識論觀心法要》，頁 0345b16（01）-0345b19（00）。

5.遣相[44]證性[45]觀

　　遣相證性識，八識心王的自體分是依他起的事相，而其實體則是我法二空，即離了遍計所執所顯的圓成實性。因此，更進一步捨遣依他的事相，只就圓成實性的法體求證唯識理。前觀察依他，遣除遍計的知解，如起繩的知解時遣除蛇的知解；今觀見圓成，遣除依他的知解，如更見繩的實質時遣除繩的知解，此即《攝論》遣除唯識相而悟入唯識的當體，叫它作「遣相證性」。進入此第五重觀時，根本智先證真如理，後得智次了依他法，理事既彰，我法二執自然息滅。這是事理相對的觀法。[46]

　　以上五重，自粗至細，自雜至純，自有相至無相，自有分別至無分別，如老子云：「爲道日損，損之又損，以至於無爲」，如是修行，乃可至剝盡枝葉，純一直實。又五重之中，前四重爲捨遣遍計所執性，而使歸於依他起性之觀法，故曰「相唯識」，爲見道以前之修法。最後第五重爲捨遣依他起性，而證得圓成實性之觀法，故曰「性唯識」。如百丈禪師云：「上堂云。靈光獨耀。迥脫根塵。體露真常。不拘文字。心性無染。本自圓成。但離妄緣。即如如佛。」[47]或如行者能憶佛念佛，自得心開、見佛性，即是遣妄相證實性之真能一心念佛者，得入觀理，一心念佛三昧，理事一心，乃至事事一心之念佛三昧等。此等佛子，當生即已生淨土，遣相證性故，五重「唯識無境觀」親能證得故。故

---

44 遣相：「相」指八識心王，是依他起之事相，遣而不取。
45 證性：「性」指事相之性體，爲二空所顯之圓成實，應求作證。
46 勝鬘經云：「自性清淨心」。不取染淨依他起性，唯說吾人本有之心，自性清淨，離一切妄染。即是遣相證性之觀法所攝！即：如是歸於一心體時，即知一切如夢、如幻，無相可取！所作證者，但是廢詮一實境界！此爲唯識觀之極致！
47 《卍新纂續藏經》第六十九冊　No. 1322《百丈懷海禪師語錄（四家語錄卷二）》，頁 0006b02（00）-0006b03（01）。

慈氏在五重觀法中，前四重就依他識相觀察唯識理，後一重就圓成識性觀察唯識理。如此，空有、心境、體用、王所、事理五種，從粗到細，輾轉相推，到第五重，實證唯識妙理，於是進入理智冥合的境界 —— 見道。[48]

四、《常清靜經》與《五重唯識觀》觀空遣欲之異同

綜觀兩者「觀空遣欲」可分析如下：

（1）**排毒遣欲**：兩者之「欲」皆不離三毒；其相同之處是欲不除便能引生苦惱，沉淪生死，永墮苦海。其異者，前者以身口意作為管道，眾生透過此三毒將道心、道性污染，「貪嗔癡」便從身口意進入，重點放在人的對外接觸而產生欲求；後者，將身、口、意放在本質上，眾生之所以有三毒是由前生的業所引發而潛藏於種子上，遇緣即生起，故有不同。

兩者能遣欲的方法則相同，必需透過深層的靜坐功夫，使其欲念不生，而達至念亦非念，我亦非我之無念境地；故行者無分別心，則無三千念，亦無念三千，心如湖鏡，清澈見底，自然六欲不生，三毒消滅。

（2）**觀空內涵**：《常清靜經》觀空的次第是由內而外，外而空，空而無，無亦無。即從心、形、物中著手，要知道，「形」是「物」的「形」，是「物」的屬性，因此「形」「物」是不能

---

48 以上五重唯識觀，參見羅時憲：《唯識方隅》，收於《羅時憲全集》第十卷。香港：志蓮圖書館、羅時憲弘法基金有限公司（聯合出版），1998，頁 305-308。

分割的。「形」生起心中的「欲」，去「形」即可以遣「欲」。主觀的我不但是遣除，連主客觀都一齊遣除，到了「空無所空」的境地，最後遣除到無可遣除的地步，便得道了。而《五重唯識觀》之觀行則從外至內，內外皆空，（即能取的境及所取的心。）再從空至無念，無念的概念都不執著，便見道了。故兩者站在目的和方法都甚為相似。

（3）**觀空層次**：前者觀空我將它分為六個層次，即：心→形→物→空→空無→無無，由小至大，由內而外；後者則分五個層次，先遣所取境（相分）→能取心（見分）→相見二分（能所皆空）→名言概念→離一切相；由淺至深，由外至內。見下表：

觀　　行		
層次	《常清靜經》	《唯識三十頌》
	心	遣虛存實
	↓	↓
	形	捨濫留純
	↓	↓
	物	攝本歸本
	↓	↓
	空	隱劣顯勝
	↓	↓
	空無	遣相證性
	↓	↓
	無無	見道
	↓	
	見道	
進路	小　內	淺　外
	↓　↓	↓　↓
	大　外	深　內

（4）**所證之境**：《常清靜經》云：「無無既無，湛然常寂，……即是真靜。」修道者的觀行，連所餘的一個「無」字都排遣，就入於清幽常久的安靜。所言之「無」非執於「虛無」，又非「寂」而死靜的觀空，而是「真空妙有」之真靜，這就是「湛然常寂」

的常清常靜之寂境。《五重唯識觀》所排遣之空有，最後便證得轉依（轉有漏爲無漏識）入涅槃寂靜之境界，前者所言者之「湛然常寂」，豈非後者涅槃寂靜之境？

五、總　結

綜觀全文，觀行對修持道、佛法者是極爲重要的，因爲觀行透過定中思惟、抉擇所觀的境界之生滅相或是眞是妄，而加以對治、破除，可見觀行之重要性。《常清靜經》與《五重唯識觀》之觀行，其手段雖異，然其目標則一，所謂：「歸元無二路，方便有多門。」兩者必需透過觀行去觀照世間，證悟眞常之理。唯世間萬物，重重羅網，凡夫欲求眞實生命的開端，必需看破名利幻有之夢境，放下妄念，安於觀行，排遣六欲，久而久之，便達至自在之境 ── 見道。

以上道、佛二門觀法是特重實踐主義之宗教，它能使眾生達到「湛然常寂」或「涅槃寂靜」的深奧境界。二者之觀門，由寬而狹、由總而別、由粗而細、循序漸進，按部就班，次第分明，這種修持方法旨在令一切眾生了解「無極」、「無境」之理，超出三界，證得大道。因此，修行者若能對觀行獲得親切明晰的體會，就叫做「觀照思維」。修道者就是透過此方法，持久修行與實踐來培養自己的觀照思維能力。故哲學與宗教相異之處，在於前者唯純理論，後者則兼實證。

〈論明太祖管理佛教之思想及政策〉

提　要

　　中國古代對於各宗教的態度，皆依歷朝之統治者喜惡而各有不同之發展。佛教自漢朝傳入中國，至今達二千多年歷史，與中國的傳統文化、信仰結下不解之緣，相互利用，在形成中國獨有佛教的發展歷史中，也曾融和、衝突，最後各朝政權為配合佛教及自身之利益，制定了一系列的宗教政策與法律。有明一代鑒於元朝對宗教採取過寬政策，致令宗教勢力不斷膨脹，弊端百出，嚴重危害了國家和社會秩序。明太祖朱元璋立國後，力排眾議，以儒為主，輔以佛道之治國政策，對明清佛教發展有一定影響。朱元璋深受儒家思想薰陶，十分重視以史為鑒，他把佛教按當時情況納入合理發展的範圍，既想依靠佛教在社會上的力量，又恐其宗教勢力過大。他透過僧籍制度、僧官制度、度牒制度、寺院數量等來管理佛教過度之發展，期以用行政手段防範佛教在社會上有過大之影響力。學者多以「限制」來評價他的政策。明太祖朱元璋對佛教之政策，可謂無微不致，不管是寺產、僧侶、戒律、修行、經文、外交……都牽涉其內，故非用限制、懷柔、壓抑所能概括，更不能抹殺他對佛教所作出之貢獻 ── 使佛教走向優良化、大眾化、社會化。

關鍵字：明太祖　朱元璋　佛教政策　僧籍制度　僧官制度

一、導　言

　　歷史背景：佛教傳入中國之確實年代，歷代史家眾說紛紜，然多認爲約在兩漢之際從天竺傳入我國，其派別有藏傳、南藏傳及漢傳三大佛教。佛教始于兩漢，至隋唐時，最爲鼎盛，他與我國之傳統文化結合，兼收並蓄，與時並進，與中國傳統文化不可分割，成爲具有特色之中國佛教。至明清時，佛教處於中國社會之後期，仍然發揮其效用，作爲對封建統治者之最高統帥 —— 皇帝，其個人之喜惡，對佛教日後之發展，有著舉足輕重之作用。

　　元朝自忽必烈開帝師之位，新帝即位需受帝師受戒，唯終元之世，歷任諸帝皆以藏傳佛教喇嘛僧爲帝師。帝師掌實權，出任宣政職權，爲中央要員。元朝諸帝唯未能善用佛教之意識形態管理，需定佛教爲國教，但無助于封建統治者之發展，元史記載：

> 釋、老之教，行乎中國也，千數百年，而其盛衰，每繫乎時君之好惡。是故，佛於晉、宋、梁、陳，黃、老於漢、魏、唐、宋，而其效可睹矣。元興，崇尚釋氏，而帝師之盛，尤不可與古昔同語。維道家方士之流，假禱祠之說，乘時以起，曾不及其什一焉。宋舊史嘗志老、釋，厥有旨哉。乃本其意，作《釋老傳》。[1]

　　元末民怨沸騰，義軍四起，朱元璋號召明教起義，反元鬥爭，並成功推翻元朝之統治，建立新朝，封號爲明。

1　《正史佛教資料類編》第一冊　No. 1《正史佛教資料類編》，頁　0016a16－0016a20。

二、明太祖朱元璋之生平

朱元璋，濠洲鍾離（今安徽鳳陰）人，元順帝至正四年時，淮北大旱，瘟疫流行，由於父母兄長相繼去世，為求生計，十七歲被迫進皇覺寺剃度為僧。據《明史》記載：

> 至正四年，旱蝗，大饑疫。太祖時年十七，父母兄相繼歿，貧不克葬。里人劉繼祖與之地，即鳳陽陵也。太祖孤無所依，乃入皇覺寺為僧。[2]

未幾，「寺僧以歲饑罷僧飲食」，朱只好沿門托缽，行乞度日。及後作游方僧，在淮西之、光、固、汝、穎諸州遊約三年。西元 1352 年，義軍郭子興起義，朱元璋毅然投奔，身先士卒，深受愛戴，揭開一生之戎馬生涯和輝煌前途。他登帝位後，大力整頓及干預佛教之內部事務，還勤於著述，其著作有：《心經序》、《習唐大宗聖教序》、《明施論》、《拔儒僧入仕論》、《集注金剛經》一卷，另文章 30 餘篇，詩 40 餘首，作品之多，前帝少見。

太祖青年時代入寺為僧，深知佛門內幕，並親睹元代崇尚喇嘛教所衍生之流弊。朱元璋礙於生活所迫才出家為僧，委曲求全只是權宜之計，在皇覺寺親身經歷階級森嚴，尊卑有序及以大欺小等種種弊端，皆與佛教所言之眾生平等、清修靜境，不相吻合。

作為意識形態之宗教，歷朝統治者甚為重視，朱元璋作為開國帝皇，也不例外。他自己就是利用明教起義，把波瀾壯闊的明

---

2 [清]張玉廷等撰：《明史》卷 1，第一冊。北京：中華書局，1974，頁 1。

教吞沒，深感思想武器之威力，不下於千軍萬馬，故對佛教之流
弊實有切膚之痛。故朱元璋登帝位後，使儒、釋、道三教並立，
以儒為主，而佛道輔之，祈以圓融地解決明代之宗教問題，提供
時代性和實用性之宗教思想及政策。故明政權之初，對佛教採取
各種不同政策。朱元璋崇尚儒、釋、道三教[3]，其理念為三教各有
不同，惟本質如一，可互補長短，隱定朝綱，他說：

> 暗助王綱，益世無窮。[4]

> 嘗聞天下無二道，聖人無兩心。三教之立，雖持身榮儉之
> 不同，其所濟理一。[5]

> 暗理王綱於國有補無虧。[6]

故他對佛教極為重視，祈以積極改革，作為輔政之用。

作為平民出生之帝皇，朱元璋認為：維護佛教主要在於鞏固
明朝封建統治和專制皇權角度及經濟層面來看待佛教。他童年時
受其外祖父以畫符、念咒、批命為生；又在紅軍和白蓮教中生活
十六年之久，故對民間秘密宗教深有體會，故他懷著利用宗教治
理天下為目的，故曰：「心之邪念，以歸正道。」[7]而他力排眾議，
採用佛教作為輔政之政策，將其納入統治服務之軌道，可謂敢作

3　日人酒井忠夫認為朱元璋的三教思想，以儒為中心，而佛道輔之，所以
　　言：「暗助王綱於國有補無虧。」酒井忠夫：〈明太祖三教思想影響〉《福
　　井博士頌壽、紀念》。東京：福井博士頌壽紀念論文集刊行會，1960，頁
　　248。除〈三教論〉外，太祖在〈宦釋論〉也同時說：「所以佛之道雲陰
　　者何？……其聖賢之道（指儒道）為陽教……斯二說，名之則也異，行
　　之則也異，……利濟萬物理亦然也。所以天下無二道，聖人無兩心」《宦
　　釋論》‧《明太祖文集》。合肥，黃山書社，1991，頁 221-228。
4　《三教論》‧《明太祖集》卷 10。合肥：黃山書社，1991 頁 215。
5　《三教論》‧《明太祖集》卷 10。合肥：黃山書社，1991，頁 216。
6　《釋道論》‧《明太祖集》卷 10。合肥：黃山書社，1991 頁 213。
7　《心經序》‧《明太祖實錄》卷 15。合肥：黃山書社，1991。

敢爲。故明初，太祖積極展開對佛教之改革措施。

三、明太祖對佛教採取之重要政策

明初，太祖頒敕對佛教的政策甚多，其主要是針對元代佛教之諸多流弊，而加以改革，他希望通過整頓僧團頹風，撥亂反正，與此同時，又恐得罪僧團，於是不得不採取一些懷柔措施，以作調和。明太祖主要改革有如下措施：

（一）區分組織，確立佛教

朱元璋鑒於元代錯誤之宗教政策，引以爲戒，故即位後，採取宗教、組織分流處理，將佛教與坊間組織嚴格區分，他避免政權構成威脅，立法鎮壓，以防未燃。據《大明律》記載：

> 妄稱彌勒佛，白蓮社，明尊社、白雲宗等會，一應左道亂正之術，或隱藏圖像，燒香聚眾，夜聚曉散，佯修善事，扇惑人民，為首者絞，為從者杖一百，流三千里。[8]

又《明太祖實錄》載曰：

> 其僧道建齋、設醮，不許章奏上表、投拜青詞。亦不許塑畫天神地祇及白蓮社、明尊教、白雲宗、……書符咒水諸術並加禁止。庶幾左道不興，民無惑志。[9]

明太祖對佛教管治十分嚴格，並公開表明對邪教、秘密宗教等不管僧俗，若有違者，必加懲處。例如洪武十七年廣西北流縣

8　《大明律・禮一》卷 11。瀋陽：遼沈書社，1990，頁 87。
9　《明太祖實錄》卷 53，頁 1037。

民李從周「以妖術惑眾，謀爲亂」被鎮撫周貴捕送京師，立即處斬；又洪武二十四年「寧波府有僧稱白蓮教者，男女淆聚燒香，捕至京」，稍後即斬；史上私創寺院而被定罪之高僧憨山德清，就被發配雷州，爲一明證。此類例子不勝牧舉，可見其嚴格規範之程度。

（二）界劃僧伽，各司其職

　　洪武十五年（1382年），朝廷見及寺院混亂，僧職模糊，於是界劃僧伽功能，重設組織結構，強行將寺院分爲禪、講、教三類[10]。太祖諭：

> 佛寺之設，歷代分為三等，曰禪、曰講、曰教。其禪不立文字，必見性者方是本宗；講者務明諸經旨義；教者演佛利濟之法，消一切現造之業，滌死者宿作之愆，以訓世人。[11]

顯密儀式的宗派。太祖在〈禦制玄教齋教儀序文〉言：

> 朕觀釋道二者，各有二徒……禪與全真，務以修身養性，獨為自己而已；教與正一，專以超脫，特為孝子慈親之設，益人倫、厚風俗，其功大矣哉。[12]

其中教僧是明代佛教界劃之最大特色，主要負責世俗事務。

---

10 佛寺院有不同種類，各宗派有不同門庭，即使功特點歸類，也非明朝始有。近如元代即有「佛宗有三，曰禪，曰教，曰律。禪尙處寂，律嚴戒行，而教則通經釋典」的劃分。《元史》亦載：「天下寺院之領於內外宣政院，曰禪，曰教，曰律。則固各守其業。」但明太祖有關講教的分別，功能化傾向則更強，尤其所特別重之「教」，已是指專門演行瑜珈顯密法事者而非「通經釋典」了。

11 明幻輪：《釋氏稽古略續集》收于《卍續藏經》，第133冊。臺北，新文豐出版社，卷2，頁246。

12 明太祖：〈禦制玄教齋教儀序文〉，收于《道藏》第15冊。臺北新文豐出版社），頁1。

是故，其時之修行僧、講僧在這政策下皆離眾聚居，民間信佛者只與教僧接洽，故佛教多被大眾視為「出世」之教，而非「入世」之教，可謂利弊參半。從利而言，明太祖此政策大舉改革僧人之陋習，使僧侶嚴守戒律，各司其職，防僧俗合謀作亂；從弊而言，被人誤解佛教乃離群出世之徒，僧俗學者在學術上難互相砥礪，更上層樓。[13]

（三）約束僧行，宣佛善德

洪武十四年後，一系列對佛教管理政策相繼推出，提倡僧侶離俗清修，嚴禁僧俗混淆。嚴令教僧積極行善，勿隨波逐流，爭名奪利，建立良好僧德 —— 立教以眾生利益先，身先忍辱，諸惡不作，眾善奉行。太祖並盼僧俗和諧相處，戒惡行善，為改善社會環境各出其力，他說：

以導頑惡。[14]

化凶頑為善默佑世邦。[15]

談虛無之道，動以果報因緣。是道流行西土，其愚頑聞之，如流之趨下，漸入中國，陰翊王度，已有年矣。[16]

若僧善達祖風，演大乘以覺聰，談因緣以化愚，啟聰愚為

---

13 太虛大師曾言：中國古代帝王的政策，是愚民的政策，惟恐人民有革命的爆發……唯有採取佛教的消極思想與行為來安定愚民……把佛教禪宗推崇到很高的地位，要他們不涉及政治思想與行為，即是將佛教消極的作用 —— 無用之用，來封鎖人民的思想。……禪宗消極的作用，身居蘭若，依山林水邊過生活，悠遊歲月，足以消納國家剩餘財智，不妄冀非分，故為帝王提倡而盛行宋、明、清間。印順法師等編《太虛大師全集》第 28 冊。臺北：善導寺佛經流通訊，1980，頁 515-519。

14 《佛教利濟說》‧《明太祖文集》，頁 338。

15 《拔儒僧文》‧《明太祖文集》，頁 265。

16 《宦釋論》‧《明太祖文集》，頁 227。

善於反掌之間，雖有國法，何制乎？縲絏刑洽，亦何以施？
豈不合乎柳生之言，陰翊王度。[17]

其實，初期設置善世院只統領諸山釋教事，對於僧人之非法
行為，朝廷未有干預，時有善世禪師曰：「大林有不材之木能盡
去乎？只益釋門之醜耳。事呈露勿怒可也。」而且講經說法亦頗
自由，據《金陵梵剎志》記載：

> 一切南北僧道。不論頭陀人等。有道善人。但有緣歸三寶。
> 或受五戒十戒。持齋戒酒。習學經典。明心見性。僧俗善
> 人許令齋持戒牒隨身執照。不論山林城郭鄉落村中。恁他
> 結壇上座。拘集僧俗人等。日則講經說教化度一方。夜則
> 取靜修心欽此。[18]

由此觀之，除僧人外，善道之士，亦能開壇，演說經教。

朱元璋善用佛教教義化度僧俗，其根本目的在切斷佛教與民
眾組織聯繫，防止聚眾鬧事，干預政事，以其鞏固其封建統治之
目的。

（四）設置僧官[19]，強化管理

由政府設置專門機構統領宗教事務，肇于魏晉。元末戰亂頻

---

17 釋幻輪：《勅制授了達德瑄溥》，《釋氏稽古略續集》。揚州：江蘇廣陵古
籍刻印社，1992。頁 227。

18 《大正新脩大藏經》第四十九冊 No. 2038《釋鑑稽古略續集》（二），頁
0929a09(17)－0929a15(05)。

19 明初政權仿效宋制設各級僧司僧官，取替善世院，于京都設僧祿司，掌
天下僧教事，府設僧綱司，州設僧正司，縣設僧會司，其中僧祿司由禮
部任命，有正副官，官拜左善世（正六品）、右善世（正六品）、左闡教
（從六品）、右闡教（從六品）、左講經（正八品）、右講經（正八品）、
左覺義（從八品）、右覺義（從八品）。（《明史·職官志》）朱元璋將這種
僧道衙門整理得更臻完善。

仍，僧藉混亂，太祖鑒於天下寺院，管理紊亂，于洪武元年設善世院管理佛教事務；十五年又下令設僧道衙門，統領宗教一切事宜，目的使僧侶嚴守戒律，依法行事。[20]

朱元璋剛任帝皇于南京天界寺設置善世院，任命僧人釋慧曇爲佛門領袖。[21]1382 年在京師改立僧祿司，掌管天下僧侶，歸入禮部管轄。出任者需精通經典，戒行精嚴；又於京城外設僧綱、僧正、僧會、道紀等執掌僧處理僧務；其後，在各府僧綱司掌本府僧教事，設正副都綱各一人。各州僧設僧正一人，各縣僧會司設僧會一人，各掌州縣事務。《釋氏稽古略續集》記載：

> 准吏部咨除授各僧、道錄司，資本部知會僧錄司左善世戒資、右善世宗泐、左闡教智輝、右闡教仲義、左講經太樸、右講經仁一初，左覺義來複、右覺義宗㟒。禮部為欽依，開設僧道門衙門事，今將定列本司官員職掌事理。[22]

各職主要責任有四：一、調查僧侶數目，編制僧侶名冊，統整釋門事宜；二、負責推舉僧材出任主持，塡補常額[23]；三、主持考核僧侶質素，負責發放度牒；四、監察僧侶守戒，懲治違章僧侶。

---

20 張廷玉：《明史‧職官志》卷 74。北京：中華書局，1974。頁 3989。

21 張廷玉：《明史‧職官志》卷 74。北京：中華書局，1974。頁 3989。

22 釋幻輪：《釋氏稽古略續集》卷 2。揚州：江蘇廣陵古籍刻印社，1992，頁 246。

23 「每缺住持，則祠部郎中考其高下，以居首者塡補。……出考卷見示，則皆四股八比，與儒不異。……其題則出《金剛》、《楞嚴》諸經。入選者亦稱祠部郎爲座師，呼其同輩爲敝寅。……」，「令各布政司並直隸府、州、縣，申呈開設僧道衙門，保舉到僧人，剳付僧錄司，……考試，如果中試，就申吏部施行」。(《大明會典》卷 104，頁 1578。) 僧人之考試制度形同科舉，十分困難。

僧員任事，不發俸祿[24]。僧祿司登記僧員詳細紀錄僧州上（包括姓名、年齡、出家時間、地點、師傅……）。寺院亦必須明確登記建于何時、何地、何僧、何人捐贈……於僧籍冊，刊佈各寺，互爲通傳，以防僞僧，名爲「周知板冊」。《明太祖實錄》載：

> 「正六品僧錄司左右善世，祿月米一十石；從六品僧錄司
> 左右闡教，祿月米八石；正 八品僧錄司左右講經，祿月
> 六石五門；從八品僧錄司左右講義，祿月米六石；從九品
> 僧綱司都綱，祿月米五石；未入流僧綱司副都綱、僧正司
> 僧正、僧會司僧會，俱不給俸。」[25]。

葛壯教授認爲：「僧官的設置，是水到渠成的必然結果，它依然是皇權凌駕于教權之上的標誌性措施。」[26]余十分贊同，這亦是統治者設立僧官之最終鵠的。[27]

（五）限制寺院，不許私營

民間私創寺院，收僧剃度，屢禁不絕，自隋唐始，蔚然成風。明太祖洪武五年詔命南京天禧、能仁二寺併入蔣山寺，開明代寺院合併之先例。由於出家爲僧，可免蠲稅，故僧侶數目，與日俱增。二十四年來寺院由 5300 間驟增至 42000 餘所。朱元璋先後採

---

24 「正六品僧錄司左右善世，祿月米一十石；從 6 品僧錄司左右闡教，祿
　月米八石；正 8 品僧錄司左右講經，祿月六石五斗；從 8 品僧錄司左右
　講義，祿月米六石；從 9 品僧綱司都綱，祿月米五石；未入流僧綱司副
　都綱、僧正司僧正、僧會司僧會，俱不給俸。」《明太祖實錄》卷 222，
　頁 3252-3257。
25 《明太祖實錄》卷 223，頁 3268。
26 葛壯：《關於中國上古時代政教關係的闡釋》，《當代宗教研究》第二輯。
　上海：人民出版社，2006，頁 25。
27 據《大宋僧史略‧立僧正》記載：「所言僧正者何？正，政也。……蓋以
　比丘無法，如馬無轡勒，牛無縻繩，漸染俗風，將乖雅則，故設有德望
　者以法繩之，令歸於正，故曰僧正也」。

取了一系列抑僧減寺之方法：

> 靈穀、天界、能仁、雞鳴等系京剎大寺，今後缺住持，務
> 要叢林中選舉有德行僧人考試，各通本教，方許著他住持，
> 勿得濫舉。[28]

> 自今天下僧道，凡各府、州、縣寺觀雖多，但存其寬大可
> 容眾者一所，並而居之，勿雜處於外與民相混。違者治以
> 重罪，親故相隱者，流；願還俗者聽。[29]

> 詔天下僧道有井刃立庵堂寺額非舊額者悉皆毀之。[30]

> 勿得私創庵堂。[31]

> 今後僧寺不許收養民間兒童為僧。兒童無知，止由父母之
> 命入寺披剃。及至年長，血氣方剛，欲心一動，能甘寂寞，
> 誠心修行者少，所以僧中多有氾濫不才者，敗壞祖風，取
> 人輕慢。今出之後，敢有收留兒童為僧者，首僧凌遲處死，
> 兒童父母遷發化外。[32]

> 凡寺觀庵院，除現在處所外，不許私自創建增置，違者，
> 杖一百，還俗。僧道，發邊充軍。尼僧女冠，入宮為奴。[33]

> 若僧道不給度牒，私自簪剃者，杖八十，若由家長，家長
> 當罪。寺觀主持及受業師私度者，與同罪，並還俗。[34]

由此觀之，朱元璋實施僧眾隔離，控制寺院數量，以防止他

---

28 明幻輪：《釋氏稽古略續集》收于《卍續藏經》，第 133 冊。臺北：新文
　　豐出版社，卷 2，頁 256。
29 《明太祖實錄》卷 209，頁 3109。
30 《明太祖實錄》卷 210，頁 3125。
31 《大明會典》，卷 104，頁 1576。
32 葛寅亮：《金陵梵剎志》卷 2。北京中華書局，1960。
33 《大明律》瀋陽：遼沈書社，1990，頁 44。
34 《大明律》瀋陽：遼沈書社，1990，頁 44。

人利用宗教名義，危害政權，可謂用心良苦。

（六）嚴發度牒，控制僧量

　　度牒原是僧人的合法證明，唯明初太祖亦詔令天下，廢前朝之納貲給牒方法，承認他們的合法存在，由於出家者無需以錢鬻牒，又享有免稅特權，故入空門者驟增。洪武五年八月今「詔蠲之」，僧徒數目不斷攀峰，翌年所發僧道度牒已達 96000 名額，升勢持續不斷，情況頗為嚴峻，為了有效控制僧道數目，太祖不得不接納禮部尚書趙瑁之諫，嚴格規定出家條款。明太祖在不同時期亦實施多項方案，以減其量：

> 年 20 以下願為僧者，亦須父母具告有司奏聞方許。3 年後赴京考試，通經典者始給度牒，不通者杖為民。[35]
>
> 試經度僧，給與度牒。[36]
>
> 如是不通，斷還為民，應當重難差役。[37]
>
> 禮部言：今天下僧道數多，皆不務正本，宣令赴京考試，不通經典者黜之。詔從其言，年 60 以上者免試。[38]
>
> 以上釋老二教近代崇尚太過，徒眾日盛，安坐而食戌戌，蠹財耗民，莫甚於此……若請度牒必考試，精。通經典者方。又以民家多女子為尼姑、女冠，自今年 40 以上者，聽。未及者不許。[39]
>
> 有討度牒的，僧 20 已上的，發去烏蠻、曲靖等處每 30 里

35　《大明會典》，卷 104，頁 1576。
36　釋幻輪：《釋氏稽古略續集》。揚州：江蘇廣陵古籍刻印社，1992，頁 253。
37　《明太祖實錄》卷 241，頁 3524。
38　《明太祖實錄》卷 242，頁 3524。
39　《明太祖實錄》卷 86，頁 1537。

造一座庵，自耕自食，就化他一境的人。[40]

凡此種種，目的是有效地將出家僧人控制在每年不多於一萬，更可去蕪存菁，免僧俗魚目混珠，使大批濫竽充數僧人摒諸門外。朱元璋更認爲：僧人應「有能忍辱不居市廛。不混時俗。深入崇山刀耕火種。侶影伴燈。甘苦空寂寞於林泉之下。意在以英靈出三界聽。」[41]等種種磨煉，以淨六根。

（七）設砧基道，處理俗務

太祖爲免不法之徒利用佛教從中作亂，危害王權統治，寺院除分禪、講、教僧三類型外，還增設砧基道人，專責處理對外聯繫、溝通，以防僧侶與民眾交往通訊，從中起亂，洪武十九年太祖頒令：「敕天下寺院有田糧者，設砧基道人，一應差役不許僧應。」二十七年《避趨條例》重申，凡有住持私下接觸一切散僧，或敢有交結官府悅俗爲朋者，必治以重罪。

砧基道人如管事當家，其身份介乎非僧非俗是明太祖隔絕僧俗，保衛社會及鞏固王權之另一手段。

（八）重視寺產，確保地權

洪武期間，管理常住土地權，對保障寺院經濟，是寺內僧人賴以爲生的基本生存條件。寺院有自己的私田，可租賃或自僱農民耕種，國家稅收相對減少，明統治者有鑒於寺院經濟不斷膨脹，

---

40 明幻輪：《釋氏稽古略續集》收于《卍續藏經》，第 133 冊。臺北：新文豐出版社，卷 2，頁 253。

41 《大正新脩大藏經》第四十九冊 No. 2038《釋鑑稽古略續集》，0936b19（00）-0936b20（04）。

故在維護寺院經濟上亦同時改革了一些制度，以免寺院過度發展，太祖敕令官員兼管理寺產，違者嚴懲處理：曹國公曾奉旨：

> 天下僧道的田土，法不許買。僧窮寺窮常住田土不許賣。
> 如有似此之人，籍沒家產。[42]

太祖曾多番親理寺產糾紛，若查明私買賣寺產，必以嚴懲，可見其對寺產之重視程度。故朱元璋只許天下僧、道，每人限制蓄田五畝，無田者由官給之，剩餘常住田悉歸官府，以給無田之民，如有違者，嚴懲不赦。洪武十五年九月懲辦了彌囉寺田土三千畝，止還壹千畝，並將常州府武進縣懷德鄉長陸衡嚴懲，發配充軍，以儆效尤。太祖除保障寺院有基本自給自足之經濟，事實上，他亦希望僧眾安于叢林，這樣僧侶既能清心修行，也易於管理。

（九）整理典藏，推廣佛經

太祖對佛教義理並不深刻瞭解，而他對佛典之推廣及整理卻不遺餘力。舉凡經典之刊佈、注釋、刻經等皆有參與。洪武五年（1372）太祖召集德高望重之各僧點校藏經；十年（1377）又命各地沙門宣講《楞伽》、《金剛》、《心經》三經；並統一其注釋，頒佈天下；二十四年又詔告天下，所譯之佛典不可增刪，保存原貌。[43]此外，朱元璋曾撰有《護法集》、佛教文章、詩文多篇。由於他頒令編纂佛典，發表詩文……致令佛教在民間流布廣

---

42 明幻輪：《釋氏稽古略續集》，收于《卍續藏經》，第 133 冊。臺北：新文豐出版社，卷 2，頁 246。

43 釋幻輪：《釋氏稽古略續集》，《卍續藏經》，第 133 冊。臺北：新文豐出版社，卷 2，頁 232。

泛，無疑對佛教發展有所幫助及提供有利之條件。

（十）援佛入儒，統攝三教

朱元璋主張援佛入儒，對儒家十分重視。明初儒學墨守成規，缺乏生氣，太祖求才若渴，不拘一格，選拔僧才，加以任用，只要有才華者，不論儒僧，皆可出任官職。洪武元年（1368年）朱元璋委任釋慧曇為天界寺主持，管理全國佛教；三年又命其出使西域諸國，開創以僧為使之創舉，更被尊稱為演梵善世利國從教大師[44]。太祖撰有《拔儒僧入仕論》、《拔儒僧文》、《宦釋論》等文，目的鼓勵僧眾為國效力，精於本業，故言：「心常履道而不迂，性常如衡而不曲。」[45]朱元璋為了統治思想提倡援佛入儒，以儒釋佛，進一步更提出三教合一之思想，「嘗聞天下無二道，聖人無兩心，三教之立，雖持身榮儉不同，其所濟給之理一」[46]。他認為佛是「演說者乃三綱五常之性理也」。[47]

他嘗試通過以儒釋佛，援佛入儒之手段來完善儒家學說，強化其統治思想及政策之管理。終明一代，佛教排行在儒位之後，唯在朱元璋既定國策下，已成定局。

（十一）禮遇藏僧，創僧外交

元朝奉藏傳佛教所造成之惡果有目共睹，故明太祖即位便下令除去藏傳佛教的特權。另一方面，太祖擔心西藏邊陲地區，鞭

---

44 朱元璋在位期間又起用僧人有：宗泐、僧傳、吳印、華克勤、道衍等。被稱為明代國初第一宗師梵琦也成了他的「親承顧問」，可見一斑。
45 《僧道衡說》卷15，《明太祖集》。
46 《僧道衡說》卷15，《明太祖集》。
47 《僧道衡說》卷15，《明太祖集》。

長莫及,難以控制,故對西藏佛教之管治施予安撫政策,以利於統治蒙古和西藏等邊疆民族。其安撫政策多表現於禮遇番僧,奉為「國師」或「帝師」,使之成為對邊陲地區之溝通橋樑及管治政策,如王森所言:

> 洪武五年(1372年),烏思藏攝帝師喃加巴藏蔔遣使進貢,並於1373年躬自入朝,封為熾盛佛寶國師,授玉印。所舉烏思藏元故宮60餘人,洪武帝皆授以官(1374年遣其徒來貢),再上舉士官58人,亦皆授職,所舉前後共達百餘人。於是,藏族地區各僧俗地方首腦人物爭先來京朝貢封,「上繳元朝舊敕印,換領明朝新敕印」,於藏族地區,在甘青一帶則採取漢官與土官參治;對西藏地區,則仍其舊貫加意安撫。洪武年間藏人來朝,悉加封任職。初置西安行都指揮使司于河州,統轄朵甘烏思藏等地。後又升朵甘、烏思藏二衛為行都指揮使司,其下除州縣外仍設宣慰司、宣撫司、萬戶府、千戶所等。但明室武力用於北方,對藏族地區不能派駐重軍,遂以設茶課司(後改為茶馬司)操縱漢藏貿易,以為控制。至於西藏內部,在明室既以安撫為主,故利其勢分,而尚用僧徒。其勢既分,則皆直統於中央;尚用僧徒,則易於撫慰。[48]

其後,明太祖更將僧官[49]制度推廣至西藏,冀使拉攏佛教上層來管治西藏等地。

此外,明太祖更藉禮遇高僧來施行外交政策。如洪武三年

---

48 王森:《西藏佛教發展史》。中國社會科學院出版社,1997年,頁256-257。
49 僧官分為法王、西天佛子、大國師、國師、禪師、都綱、喇嘛等各級。法王以下的各級僧官均由朝廷任免。

（1370年），朱元璋命高僧慧曇出使西域各國，開以僧爲使節之先河。六年（1373年），他遣禪僧仲猷祖闡、教僧無逸克勤遠赴日本弘揚佛法。十年（1377年），又命宗泐出使西域各國取經──《莊嚴寶王經》、《文殊經》等。十七年（1384年）又派智光攜國書彩幣出使尼泊爾結下邦交，自此兩國使者來往頻繁。洪武期間，太祖更爲圓寂僧官或主持舉行素祭憑弔，間有親著祭文，以示尊崇，《釋氏稽古略續集》載曰：

> 右覺義病故，恁禮部辦素祭去祭祀他。令祠部備祀庫支價買祭物去祭祀。[50]左講經如圯今日下葬，恁禮部官使去祭祀。……仍敕制祭文。[51]
>
> 靈谷寺住持病故與祭祀。本部辦素祭，遣官致祭。[52]

以上可說是明太祖「因其俗柔其民」的統治政策。

四、結　論

　　總括言之，朱元璋明白「馬上」得天下，不可能以「馬上」治天下的道理。雖然眾大臣極力排遣佛教，免重蹈元朝奉佛教爲國教而遭滅亡之禍，但太祖獨堅決奉佛，深明元之滅亡非因佛教本身，而是元朝君主未能有效管治及利用宗教的意識形態，盲目

50　明幻輪：《釋氏稽古略續集》收于《卍續藏經》，第133冊。臺北：新文豐出版社，卷2，頁249。
51　明幻輪：《釋氏稽古略續集》收于《卍續藏經》，第133冊。臺北：新文豐出版社，卷2，頁250。
52　明幻輪：《釋氏稽古略續集》收于《卍續藏經》，第133冊。臺北：新文豐出版社，卷2，頁251。

擴張，自食惡果而已。故他尊儒學爲上，輔以佛道並舉政策[53]，有效地規管宗教事務，對於違法者不管是何宗教，一經查證，予以懲罰的原則，如邪教組織活動，必窮追猛打，以絕其禍患。太祖雖然在各宗教上有所規管，但從不干涉百姓宗教信仰，其奉行自由宗教信仰政策，對於解決宗教發展問題起了積極作用。他的佛教基本政策既非元朝盲目侍佛，亦非三武一宗滅佛，使佛教繼續得以發展[54]，利國利民，可謂聰敏利智，充分表現明統治者「暗助王綱」的社會功能，並利用佛教教化人民作緩衝地帶，避免君民因宗教信仰而造成矛盾。

　　朱元璋即位後對佛教內部大事革新，規劃一套完整的佛教管理政策。太祖爲俗時曾爲游方僧，對佛教內部事宜瞭若指掌，其頒令及實施之僧官、度牒、僧行等制度，不單能夠穩定政局發展，而且對優化佛教有正面的作用。如明初僧團有僧徒娶妻蓄子、戒律不嚴，太祖即先後頒令：「有妻室願還俗者聽。願棄離者聽。僧錄司一如朕命。」[55]

　　又太祖爲免僧俗雜居，聚眾起亂，故實施僧俗隔離政策，洪武二十四年（1391）張貼榜文，詔示全國，禁游方僧宿居民宅，並須自備盤費，規定誦經金額，並命僧祿司在江東、江淮驛處，

---

53 見注 3。
54 朱元璋登帝后，力排眾議，以佛輔政，避免了如同三武滅佛事件之遭遇（《明太祖集》卷十，《三教論》），並批駁言佛道誤國者爲「小聰明而大愚」，在某個意義上，他已爲佛教之火種保存於世；更何況他在位期間對佛教管理之優化、經典之整理、保存及撰寫、重用僧侶、宣佛善德……，凡此種種，豈非有助佛教之推動及發展？誠然，明太祖對於佛教之事務介入太多，在一系列之管制，在宗教自由發展而言，亦有其自身之困難。
55 《大正新脩大藏經》第四十九冊 No. 2038《釋鑑稽古略續集（二）》，頁0936a22（03）。

築成寺院，以便南北游方僧居住。從交流佛法方面看，這種政策確有礙佛學研習進修，因為僧俗裏各有有德之士，可切磋砥礪，但以當時局勢視之，太祖此舉既可徹底肅清邪教，又能防止假僧偽道藉此作亂，以穩政局，這是可以理解的。

太祖控制寺產可視為限制寺院經濟，拖慢其自身發展或計劃，寺院在可控制範圍內發展；但從另一角度看，此舉有助國家徵稅，善用土地、創造就業、增加糧食，使國家經濟穩步向前。自明太祖頒令寺院擁有合理寺產規定後，民間大量土地收歸國有，徵稅開墾，據統計至洪武二十六年（1393年），全國擁有耕地面積比率超越元末一倍以上，共達 400 萬頃，而米、麥、穀、豆主要食糧比元代所征之田賦總額幾達三倍，《明史》記載：「米粟自輸京師數百萬石外，府縣倉廩蓄積甚豐，至紅腐不可食。」[56]

由此觀之，朱元璋為怕佛教過份膨脹所作之寺產政策，不單可防叛亂作反，而且有其穩定政局，復蘇經濟之實質效用。他絕非一面倒及盲目限制宗教發展，並能兼顧得宜，利及國家，從此點而言，對佛教所採納之改革政策，亦無可厚非。

明初自太祖嚴勵整頓佛教，元代佛教之頹風已大為改觀，僧人習經持戒之風日盛，名僧輩出，諸如明初之宗泐、來複、道衍、溥洽，繼有紹琦、慧經、雪浪、明河、萬金亦聲名遠播。[57]太祖採取一系列規範僧俗言行，作為社會道德的要求，在統治者立場

---

56 《明史・食貨志》。

57 有學者認為，萬曆年間更出現了雲棲袾宏、紫柏真可、憨山德清、藕益智旭，號稱明末四大名僧。這與明太祖早期積極整頓不無關係。流風所及，佛教這種精神為士大夫所青睞，他們為免觸及政治敏感議題，只好參禪研佛，疏解思想，以作自慰。因此亦造就居士佛學之興起，除宋濂、李贄、袁宏道等大儒外，王陽明可說是此中表表者。唯此說礙于跨越太祖時代，尚須學者考證。

可視爲「達祖風，遵朕命。」之應有態度，但對佛教而言，雖有
干涉宗教之嫌，卻形成宗教行爲倫理道德之提升，爲自身社會帶
來正面的作用。晚明大儒錢謙益認爲，中國佛教發展至此，每況
愈下，錢氏言：二百年來，傳燈寂寞[58]。這表明太祖對佛教所採
取之政策是政權優於教權，視社會環境下而作出之部署，而非固
定佛教之形態，更非完全局限佛教之發展；相反，他對佛教在某
個意義上是積極進取的。

太祖重用僧才，開創宗教外交之先河，遣僧使遠赴東亞、東
南亞、西亞、日本、朝鮮等地開展和平外交，又冊封藏傳高僧作
爲朝廷與地方之溝通橋樑，此舉既助明朝聲威遠播千里，更爲經
貿作出貢獻，也能收到「以僧制僧」之效用，爲和平及政局提供
長治久安之條件。在文化方面，太祖儒佛兼行，儒者潛心內典，
士大夫雅好禪修，釋者旁諳儒說，名相概念互爲兼融、相互啓發，
促使融佛入儒，儒佛互通[59]，兩者共榮辱、共興衰，故儒學因融
佛學而精深，佛學因儒學而壯闊，對明清佛教影響深遠。

學者多以「限制」、「利用」來評價他對佛教所作出之思想
及政策，此點值得商討。太祖朱元璋對佛教之政策，可謂無微不
致，不管是寺產、僧侶、戒律、修行、經文、外交……都牽涉其
內，故非用懷柔、壓抑所能概括，亦非用限制、利用所能表達，
更不能抹殺他對佛教所作出之貢獻——使佛教走向優良化、大眾

58 錢謙益：《牧齋有學集》卷 21，〈紫柏尊者別集序〉。
59 朱元璋一再強調，「拔儒僧入仕」者，僧人必修讀佛典三經：《心經》、《楞
伽》、《金剛》，所謂使「真乘法印與儒典並用，人知方向。」他又接受宋
濂之見，以釋氏之「明心見性」與儒學之「存心養性」在根本意義上無
別，同爲治心之法，各取其妙。朱元璋這治國政策方針，便促使儒釋之
理，爲學者互用。

化、社會化之境地。太祖堅持要僧俗隔離除懼宗教與民間力量結合之外，他深深地明白僞僧或僧俗混雜之弊害；太祖頒發山門榜文，以護寺僧：「禮部奏，據僧性海等告，給護持山門榜文與寺家張掛，禁治諸色人等。勿得輕慢佛教，罵詈僧人，非禮攪擾。違者。本處官司約束。欽此欽遵，出給榜文，頒行天下各寺，張掛禁約。」[60]此等佛教政策對對當世及後世之影響，起著正面及積極之作用。至於其對後世影響非本文之範圍，有待學者日後論述。

---

60 明幻輪：《釋氏稽古略續集》收于《卍續藏經》，第 133 冊。臺北：新文豐出版社，卷 2，頁 252。

〈略論佛家對業論之解說〉

一、導　言

　　業爲佛法，中心論題。眾生輪迴、主體流轉、作業酬果，建於此理。欲爲解決，「輪迴流轉，主體困難」，小乘「有部」，建「無表色」、「正量部派」，立「業體性」、「經量部派」，始創「色心」、互持種子，及「細心說」，乃至大乘，「中觀學派」，「作諸法相，實有境界」，破而不立，於佛理中，「業感緣起」，漠不關心，仍無方法，完滿解決。凡此種種，尙無方案，調解眾生，「主體輪迴」，困難之處。綜觀小乘，所持論據，其理矛盾，漏洞百出，智者不取，學者不服。至公元時，約五世紀，大乘教派，瑜伽論師，無著世親，相繼出現，對此問題（業感緣起），衍生之難，博採諸家，兼容並蓄、取長捨短，集百家精，補瑜伽短，將之圓善，終以「緣起」、「無我」爲基，將佛業論，圓滿解決。本文依次，分三部分，導言、正文，以及結論，將佛業論，作一簡介。

二、正　文

　　眾生依業，各自流轉，其所依者，爲業力也。佛教初業，世尊釋經，眾生輪迴，皆以「我執」，爲其主因。阿含經曰：

　　「若諸沙門，婆羅門見有我者，一切皆於此五受陰見我。諸沙門、婆羅門見色是我、異我，我在色，色在我；見受、想、行、識是我，識異我，我在識，識在我。愚痴無聞凡夫，以無明故，見色是我、異我相在，言我真實不捨。」[1]

　　故佛在世，以「無我」義，廣施教化，饒益有情，欲令眾生，離苦得樂。業感後果，由身口行，牽引而起，於此功能，發業生果，依種子因，彼彼熏習，受報輪迴，生生不息。

　　世親大師，倡賴耶識，作受熏說，依此觀念，揉合諸家，集其精華，高建法幢，建立體系，息眾論諍，輪迴主體，得以解決。

（一）論說一切有部對業論之解說

　　完備體系，淵源所自，經千百載，蛻變成長，方成大乘。佛住世時，於阿含經，揭「無我」義，破「實我」執。誠其所然，「假我」「業感」，兩相襯配，於義理上，疑難未決。佛滅以後，佛教學者，於阿含經，站穩基礎，窮研遺教，會通諸理，競立新義，增飾佛說，時有部派，各自立論，各倡其義。

　　有部思想，論其輪迴，說其業論，建「無表色」，作果功能，

1　《雜阿含經》卷第二，《大正藏》第 2 冊，頁 10。

甚稱創見。皆屬五法，總攝萬有，其所主張，具陳如下：

> 「謂能種種運動身思。依身門行。故名身業。身之業故。
> 故名身業。言語業者。亦思為體。謂發語思。依語門行。
> 故名語業。語之業故。故名語業。言意業者。謂審慮思。
> 及決定思。為意業體。故此三業。皆思為體。隨門異故。
> 立差別名。依意門行。名為意業。依身門行。名為身業。
> 依語門行。名為語業。……此經於法處中。不言無色。故
> 知法處中。實有無表色。若無無表色。此經闕減。便成無
> 用。」[2]

此部所執，有實自性，不能成立，彼二表業（身語表業），
於因明學，相違過患，無從補足，實不可取。

（二）論正量部對業論之解說

小乘正量，主張有二：所言一者：「業之體性」；所言二者：
「業之感果」。其心王法，心所有法，剎那生滅，必無行動，色
身諸法，非剎那滅，故能存在，亦可「行動」，為「身表業」，
作為自體，如《俱舍論記・卷十三》言：

> 「為破此故。說非行動。正量部計。有為法中。心心所法。
> 及音聲光明等。許剎那滅。定無行動。身表業色。許有動
> 故。非剎那滅。如禮佛等身動轉時。事若未終。此之動色
> 無剎那滅。此身動時。表善惡故。故身表業。行動為體以
> 諸有為法有剎那盡故者。立理正破。以諸有為有剎那故。
> 定無行動。何以得知皆有剎那。以有盡故。既後有盡。知

---

2 大正新脩大藏經　第四十一冊　No. 1823《俱舍論頌疏論本第十三》，頁
　0890c11（04）-0891b20（04）。

前有滅。故知有爲法。皆刹那滅。故頌盡故二字。釋上有
刹那故也。頌中故字。兩度言之。有刹那故。盡故。此應
立量。身表業色。……」3

又此部派，立「不失法」，作爲「業行」，以此勢用，感果
功能！當來感招，「業果業應」。如世親言：

「毘婆沙師說。有別物爲名等身。心不相應行蘊所攝。實
而非假。所以者何。非一切法皆是尋思所能了故。此名身
等何界所繫。爲是有情數。爲非有情數。爲是異熟生爲是
所長養。爲是等流性。爲善爲不善。爲無記。」4

部派正量，所言業論，動色爲體、「不失法」者，皆有患失。
彼所計執，實有自性，作身表業，皆不應理，無力破邪，如何顯
正，所據者何？意志爲思，推動色身，方爲「身業」，「行動之
色」，屬物質性，其所活動，唯身業耳，作工具焉。一如生粟，
變化過程，微相難知，察其組織，刹那生滅，前後變化，才成熟
粟。由此觀之，憑藉此例，證他事物，皆屬必然，難爲理據。依
此分析，「語表業體」、皆應雷同，「身表業體」，屬無自性，
並非實有。又「不失法」，與善惡業，俱時生起，不似業體，刹
那生滅，至感果後，方能消失，此亦非理。

不失之法，與業俱生，唯其自身，不是業故，亦非善惡，是
無記法，是不相應，故其存在，爲業符號。故《中觀論》，徹底
遮破，茲引一文，以作證明：

---

3 《大正新脩大藏經》第四十一冊 No. 1823《俱舍論頌疏論本》第十三，
　頁 0890a02（01）-0890b10（00）。
4 《大正新脩大藏經》第二十九冊 No. 1558《阿毘達磨俱舍論》卷第五，
　頁 0029c01（02）- 0029c02（06）。

「不失法如劵。業如負財物。此性則無記。分別有四種。見
諦所不斷。但思惟所斷。以是不失法。諸業有果報。」[5]

是故此派，所謂不失，憑藉此法，實有自性，招引業果，正
量計執，實有患失，不能證成。

（三）論經量部對業論之解說

此經量部，施設業論，「主張諸行，過未無體」、「業即是
思，無實身業，及語業等」；立「無表色」，唯瑜伽派，稽首認
同，惟其建立，「色心互持」、「種子熏習」，其中道理，亦欠
周詳，援引其文，以作分析：

> 「有作是說，依附色根種子力，故心還起，以能生心、心
> 所種子（，）依二相續，謂心相續、色根相續。」[6]

又言：

> 「非餘造業餘受果故。若所作業體雖謝滅。由所熏心相續
> 功能轉變差別。能得當來愛等果者。處無心定及無想天心
> 相續斷。」[7]

此派言論，「色心互持」，種子熏習，依「心相續」，得來
生果，實不應理。所以者何？若有行者，入奢摩他，無想滅盡，
心心所法，頓時沈沒，其「心相續」，何以持種？若言心種，從
色種生，二類種子，同生一芽，於經驗界，實不可得。

小乘部派，論「無表色」，「種子熏習」、「色心互持」、

5　《大正新脩大藏經》第三十冊　No. 1564《中論・卷第三》，頁 0022b22（00）
　　-0022b25（00）。

6　《大乘成業論》，《大正藏》第 31 冊，頁 782。

7　《大正新脩大藏經》第三十一冊　No. 1609《大乘成業論》，頁 0783c11（03）
　　-0783c13（01）。

「業之體性」、「業之感果」、「不失法」等，所出理論，辨釋
「作業」、「能感」「所感」，「種子熏習」，皆有貢獻。惟於
輪迴、感果功能，尙欠周密，未能服眾。故慈恩宗，無著世親，
立阿賴耶，建種子說，輪迴主體，感果功能，方能解決。

（四）瑜伽行派對業論之解說

前言未密，後出轉精。原始佛教，業論流轉，小乘各派，無
能解決，主體困難，仍欠周密。大乘中觀，破而不立，亦無交待。
唯識學者，無著世親，肩負重任，檢討各部，重整理據，立賴耶
識，業感流轉，輪迴主體，相應困難，圓滿解決。

1.阿賴耶識建立之義據

芸芸眾生，各具八識，於所有識，各有心所，依相見分。故
心心所，唯相見分，各依種子，自起而生，或同種生，或別所生，
成一單體。故眾生者，一堆種子，相分見分，似盆散沙，無從統
攝。唯識學者，觀其諸行，相見二分，排列有序，有條不紊，從
定觀察，生生不息，似有統攝，細而察之，刹那生滅，連續之力，
故名之曰：「阿賴耶識」。其理有二：一曰含藏，一切種子；二
爲七識，作根本依。立此識故，輪迴主體，業感所依，此中理論，
各派論師，心悅誠服。

2.阿賴耶識受熏說之建立

世親論師，依《成業論》，立賴耶識，作受熏說，茲引下文，
以作解釋：

「心有二種：一、集起心，無量種子集起處故；二、種種

心，所緣行相差別轉故。」[8]

由此觀之，此「集起心」，即賴耶識，均屬色法，心法種子，聚集生起。

又曰：

「能續後有、能執持身故，說此名阿陀那識。攝藏一切諸法種子故，復說名阿賴耶識。前生所引業果熟故，即此亦名異熟果識。」[9]

由此得知，阿賴耶識，能生業果，就作用言，名阿陀那；就含攝義，能藏諸色，心法種子，名賴耶識；就果報言，名異熟識。故「集起心」，是諸種子，組合之體，依類而起，為根身性、器界所依，亦為眾生，感果主體。異名雖多，唯識學者，多所選取，阿賴耶識，以其名義，建立「能藏」、「所藏」「執藏」，作其意義。（《攝大乘論・所依品》）

言「種種心」，謂前六識，心心所法，隨緣生起，與「集起心」，恆時相續，無有間斷，有所不同。阿賴耶識，隱伏微細，難察其妙，是故眾生，有所懷疑。世親亦云：

「若爾，經何當云何通？如說：云何識取蘊？謂六識身。云何識緣名色？識謂六識。應知此經別有密意，如契經說：云何行蘊？謂六思身，非行蘊中更無餘法，此亦應爾。說六非餘有何密意？且如世尊解深密說：『我於凡愚不開演』者，『死彼分別執為我』故。何緣愚夫執此為我？此無始來窮生死際，行相微細無改變故。」[10]

8　《大乘成業論》，《大正藏》第 31 冊，頁 784。
9　《大乘成業論》，《大正藏》第 31 冊，頁 784。
10　《大乘成業論》，《大正藏》第 31 冊，頁 785。

　　由於六識、所依所緣、行相品類、粗易了知,故雜阿含,只
說六識,不提賴耶,密意而已。雜阿含經,雖言行蘊,括六思身,
事實言之,不相應行,亦屬行蘊。六識賴耶,互相依存,關係密
切。現行六識,熏習種子,存於賴耶,條件具備,始生作用,輾
轉相生,相互不離,一切作業,感果功能,悠然而生!如《瑜伽
師地論》云:

> 「阿賴耶識是一切雜染根本⋯⋯是有情世間生起根本⋯⋯
> 亦是器世間生起根本⋯⋯能持一切法種,於現世是苦諦
> 體,亦是未來苦諦因,又是現在集諦生因。[11]

　　是故高標,阿賴耶識,「有漏」人生,世界本源,方得解決。
眾生於世,尚未解脫,上窮無始,下究無終,構成宇宙,有情世
間。阿賴耶識,受熏之說,疏解業感,流轉疑惑,與此同時,澄
清部派,有情生天(無想天、無色界、滅盡定。),一切疑難。
《成業論》云:

> 「應如一類經為量者。所許細心彼位猶有。謂異熟果識具
> 一切種子。從初結生乃至終沒。展轉相續曾無間斷。彼彼
> 生處由異熟因。品類差別相續流轉。乃至涅槃方畢竟滅。
> 即由此識無間斷故。於無心位亦說有心。餘六識身於此諸
> 位皆不轉故說為無心。由滅定等加行入心增上力故。令六
> 識種暫時損伏不得現起故名無心。非無一切。心有二種。
> 一集起心。無量種子集起處故。二種種心。所緣行相差別
> 轉故。滅定等位第二心闕故名無心。如一足床闕餘足故亦
> 名無足。彼諸識種被損伏位。異熟果識剎那剎那轉變差別。

11　《瑜伽師地論・卷五十一》,《大正藏》第 30 冊,頁 381。

能損伏力漸劣漸微乃至都盡如水熱箭引燒發力。漸劣漸微
至都盡位。識種爾時得生果。便初從識種意識還生。後位
隨緣餘識漸起。」[12]

世親菩薩，破斥經部：「滅定猶有，細心論者，當入滅盡，
加行定心，停止六識，一切六識，心心所法，如是種子，潛伏不
起。」。唯「集起心」，含藏種子，須不現行，相續不斷，存於
賴耶。故滅盡定，猶存細心，實指賴耶，非第六識。隨時消逝，
加行定心，漸趨微弱，前六識心，一切種子，復歸能力，先起意
識，次五識生，名爲出定。如是疑難，「色心互熏」、「滅定細
心」，兩者過失，盡得消除。由此可見，世親賴耶，受熏之說，
會通佛理，釋疑解惑，建立業論，偃息論諍。

3.輪迴主體之建立

釋尊創教，天竺圓音，立輪迴觀。依我佛教，輪迴之基，建
於兩論，一「緣起論」、二「無我論」，離此兩者，皆非本教，
如「一」「常」論，「主宰」「神我」……。是故五蘊，假體實
我，作輪迴體，皆不應理。

瑜伽行派，爲解此難，作輪迴體，設五條件，方能釋疑，令
人信服。何者爲五：第一緣生，無自性故；第二意志，非主宰性；
第三色心，能發業行；第四攝持，功能感果；第五續轉，必相因
待。具足此五，輪迴主體，所造「業行」，於倫理上，方得稱理，
符合眾生，「自作自受」，流轉業論。

今瑜伽師，立「賴耶識」，作有情體，與前七識，因果依存，
而賴耶識，非實自體（亦非實體），非常不變，契合佛理，「緣

12 《大正新脩大藏經》第三十一冊　No. 1609《大乘成業論》，頁　0784b29
（01）-0784c14（02）。

起論」故，是故相應，「輪迴主體」，首項要求。「阿賴耶識」，是諸種子，積聚功能，組合而成，隨緣變化，非獨立性，亦無主宰，更非永恒，所以者何？眾生入滅，證涅槃境，轉識成智，阿賴耶識，同時消失，合「無我論」，符轉世義，次項要求，得以滿足。「阿賴耶識」，含藏眾生，生命個體，物質精神，活動功能，能發業行，符第三義。「阿賴耶識」，以「業種子」，攝餘勢力，熏習相續，剎那生滅，寄存八識。行者證入，「無心定」時，前六識止，唯賴耶識，持種功能，續生效用，業種不失，合乎條件，第四者也。一期終結，「阿賴耶識，以業種子，感招來生，根身器界，成業果報。是故當知，「發業主體」、「攝持感果、功能主體」、「感果主體」、全由眾生，各自具足，賴耶統攝，相因相待，轉化相續，合第五義。

三、結　論

由是觀之，原始佛教，「輪迴」觀念，採「無我論」，納「緣起說」，依此義理，建立體系，「業感緣起」、「輪迴業論」、「感果功能」，一切矛盾，盡得消弭。於「造物主」，執「實自性」；立「神我」者，建「靈魂」說，其存在論，難於立足。瑜伽行派，經千百載，嘔心瀝血，論證諍辯，破邪顯正，作權威說。

如上所言，五條規則，一應俱備，立「賴耶識」，釋疑解惑，「輪迴主體」，徹底解決。瑜伽學者，力主唯識，非離識種，作業熏種，依賴耶識，一貫相續，不斷變化，離此賴耶，無業可造、無種可熏、無果可報。世親菩薩，撰《成業論》，息大論諍，圓

輪迴說，建佛業論，其願之廣，其行之力，其法之深，惟我後學，樹標立榜，功德無量！

四、參考書目

李潤生：《佛家業論辨析》，收入《法相學會集刊》，第一輯。香港佛教法相學會，頁 1-29。

李潤生：《佛學論文集》，上冊。加拿大安省佛教法相學會，2001，頁 531-804。

李潤生：《佛家輪迴理論》，上冊。加拿大佛教法相學會出版，1999，頁 3-109。

羅時憲：《唯識方隅》，第十卷。香港佛教志蓮圖書館、羅時憲弘法基金有限公司。1998，頁 95-97。

張漫濤主編：《唯識思想論集・（一）》。台灣大乘文化出社，中華民國六十七年（1978），頁 15-44，59-96。

王頌之：《大乘成業論》。香港能仁書院研究所（碩士論文），中華民國七十一年（1982），頁 99-148。

〈略論佛教對中國文化之影響〉

一、導　言

　　宗教具有時代之關係，它表現多種不同社會精神和文化現象。自古迄今，仍無變更。人之道德觀念，人身修養、價值尺度及意識形態，均無不受其潛移默化之影響。故此，研究文化者，豈能不研究宗教？它既是文化修養的一部份，也是文化璀璨之瑰寶。

　　佛教自印度傳入中國，對我國之哲學、歷史、文學、語言、信仰、天文、藝術、本土宗教、譯業等……影響至為深遠，成為中外文化交流之特殊產物，可以說，佛教對中國文化之影響，擔當一個重要的角色。事實上，佛教在中國歷史上已經歷了三種過程：一、文化衝突，二、文化妥協，三、文化融洽。太虛大師說：由時代而言，我們中國四千年來有道教的文化，二千五百年來有儒教的文化，一千八百年來有佛教的文化，皆是固有之文化。由性質而言，以帝王文化為本位，下而及卿、士、庶民的道教；以卿、士文化為本位，而上佐君治，下輔民德的儒教；以庶民文化為本位，而上及士夫帝王的佛教，皆是中國固有的文化。非道教莫溯中國文化之源，非儒教莫握中國文化之樞，非佛教莫廣中國

文化之用。故此，我們要了解中國文化，一定要研究佛學。

二、正　文

佛教原於印度，卻在印度本土銷聲匿跡；相反，在中土卻大放異彩。一個外來宗教，不須任何武力，能在異鄉迄立不倒，並且不斷茁壯成長，其成功之道，絕非偶然，必具圓融性、廣攝性、方便性、及求變性。不然，他如何深入各階層民眾，並影響其日常生活！茲就佛教對中國各方面之影響列點鋪陳，以明其由：

1.**宗教方面**：印度佛教移植中土之後，對中國人固有之傳統思想發生影響，它隨著弘揚教義中，並潛移默化地中國化，以符合中國人信仰之需要，其間，佛教輸入了頗多的新觀念，例如：引進六道輪迴、三世因果、菩薩羅漢、延壽薦亡、禮拜儀式、悔罪祈福……，無論其宗教文獻及儀軌，均使中國人擴大視野及增強其思想之精神領域，像儒、道兩家受禪宗之影響，致使宋明心學和道教，以致金元全真教等思想，才得以形成。

2.**儒學思想方面**：儒學思想在南北朝以前，只限於文字訂正及文學評註；南北朝以後，由於研究佛學者，與日俱增，在研究方向上逆轉為哲學方面。唐時，雖然儒家對佛教之攻擊從未休止，但同時間亦吸收了許多佛教思想，此乃佛教對佛性論被儒化之最佳明證。

至宋時，儒者諸如程氏兄弟、朱熹、陸九淵、王陽明……，無不受佛學之影響而產生一種研究新儒學之觀點。對於思維方式上，儒家吸納了佛教之「本體論」，將原本之「天人合一」的思

維模式加以改良，使其更適合於儒教之發展。例如，張載、朱熹、王陽明等所說之「天地之性」、「天理」、「良心」等，其思維模式，無不受佛教之「本體論」的思維模式所影響。

3.道學思想方面：佛教自東漢傳入，起初被視為與道教同流，在祭祀及觀念上則大同小異，佛教之精神不滅，道教之求長生之術，極相類似。至漢時，支謙、安清等人廣譯佛典。三國時，牟子作《理惑論》，以融合儒、釋、道三教之衝突。此時，道教教內感自身之經典及教義略遜於佛教，在某程度上不自覺地套用佛典教義，例如，道教之《黃庭》、《元陽》、《靈寶》……等經書，多仿照佛典之《法華》、《無量壽》等經。宋朝朱熹曾言：道書中《真誥》，末後有《道授篇》皆是竊取佛家《四十二章經》而為之。由此觀之，浮屠道術，可謂從誤解而結合，因了解而分開，而在這期間，佛道互相滲透、吸收，使各自教義更臻完善。

4.建築方面：中國受印度影響而獨創其建築風格，屢見不鮮，最早見於東漢永平十年之白馬寺，又如西湖上的「雷音」、「寶俶」兩塔、六世紀末的「天寧寺塔」、同泰寺、慈恩寺，以及住宅、宮殿、衙署、壇廟、高台……皆與佛教息息相關。其建築之力求美觀，佈局之巧妙安排，設計之莊嚴宏偉，都源於原始佛教之形式，令人發思古之幽情。總之，中國之各種建築，處處流露著佛教精神之本質，並與其他建築融為一體，成為中國建築之組織重要部份，也成為中國美麗景色之一。

5.塑鑄：塑即是泥塑，據《增一阿含經》二十八的記載：優填王和波斯匿王因想念佛陀而悶悶不樂，於是大臣們塑兩尊五尺之佛像，以解其思念之苦，故塑像自印度傳入。唐時塑像漸趨成熟，各類塑像均精美細巧，蔚為奇觀，如蘇州寺院唐人之塑壁，

美麗盡致。或以金鑄，或以鎔解礦物而倒模，形成各類製煉器物，諸如銅像、佛像、大鐘、千人鍋等，全是佛教之產品。

6.**雕刻**：中國古代已有石刻，唯立體之雕刻似未曾有。自佛教傳入中土，雕刻藝術受外來新概念之思維影響，研習者蔚然成風，爭相雕鏤。當時最著名之雕刻家，是晉朝戴道安兄弟，其雕鏤之大佛像，一時成為坊間美談，藝術佳話。及後有洛陽、龍門、雲崗等石窟之雕像陸續面世，其形態活靈活現，雕工精細，匠心獨運，巧奪天工，成為中國藝術史上之結晶珍品。

7.**圖畫方面**：順著弘揚佛法、布施祈福、修善積德而製成之壁畫，融合了印度和中國之圖畫藝術精華。唐時，佛教大盛，畫師之畫工技術已達至登峰造極，圓融精緻，氣勢磅礴之境界。例如有敦煌佛教壁畫，長度達二十五公里，其餘有《維摩變》、《淨土變》、《七佛圖》、《佛說法圖》等，都是名重一時之畫工。

8.**音樂方面**：佛教傳入之梵音，使中國既有之音樂得以改良及發展。諸如「魚山梵貝」、「磬木魚鐘鼓」，皆是天竺梵音而改良之妙樂，對古代文人雅士，莫不引起其吟詩作詞之靈感。印度之樂器是「薩浪箕」、「西答」和「答布拉」，與中國之胡琴、琵琶和小鼓極為類似，相傳由古新疆民族傳入中土。

9.**印刷方面**：據史學家考究，印刷之始非馮道之五經，而可追溯至隋唐。從敦煌所發現之典籍，足以證明刻板印刷早於馮道時期，可見早在隋唐時，佛教之印刷，已深切影響中國之印刷術。

10.**戲劇性方面**：中國和佛教之戲劇性故事，甚為相似，警惡懲奸，勸善改過之題材，大同小異，對佛教民眾有一定作用。惟中世紀時期，佛教目蓮救母之出現，足以證明中國民眾頗受佛教思想之影響而重視年度節慶。這是印度與中國共同文化遺產的一

部份，其價值不在于來自印度，而在于於它透過神話的孝義和因果報應的情節，交織成兩地混合之戲劇故事，亦足證中國早期，戲劇性故事之不可動搖地位。

11.**切音方面**：中國之反切音韻，大都原於佛教。音韻之萌芽，始於六朝時「華嚴字母」等翻譯，與梵文拼音學理關係密切。周漢文辭常用聯綿詞，令詩詞朗誦，鏗鏘悅耳。漢代末年，許多風雅儒士，談佛說禪，大多深通音理，梵文拼音因而盛行。至唐時，中國切音學趨於完備，實受印度梵文拼音學理所影響。隋書經籍志說：「婆羅門書以十四音貫一切字，漢明帝時與佛書同入中國。」為最好之明證。

12.**文法方面**：唐時，佛教之梵文文法已輸入中土。唯在翻譯佛典後，國民甚少應用，故未能普遍傳播。我國之文章句子，向來無文法可言，作文方法皆依自我，神而明之。故梁任公說：「吾輩讀佛經，無論何人，初展卷必生異惑：覺其文體與他書迥然殊異。其顯著者：普通文章中所用『之乎者也矣焉哉』等字,佛典殆一概不用。既不用駢文家之綺詞儷句，亦不採古文家之「繩墨格調」，倒裝句法極多。……凡此皆文章構造形式上，劃然闢一新國土。……」其時，梵文中之「八轉聲」、「六離合釋」等天竺文法，逐漸地影響中土。

13.**名詞方面**：自佛教之輸入中土，我國詞彙甚為豐富，很多新興之名詞，為數達數萬之多，例如：「菩薩」、「涅槃」、「阿羅漢」、「佛陀」……皆為佛語音譯，故本土雅士喜讀佛典，豐富其詞庫，以顯其文章之精妙。

14.**文體方面**：唐朝以前，中國之文學作品，多是六朝之四六文；唐朝以後，受翻譯佛典之影響，說理、述事、問答、譬喻等

長篇文章，一洗六朝之文風，文體相應實事求是，行文順暢，內容寫實。

15.**舞蹈方面**：遠古時，中國歌、舞分家，各自獨立。自印度南天竺「拔豆國」傳入「撥頭」一劇，歌舞並重，聲情激越。中國之平劇、臉譜、頭飾，色彩華麗，動作多以象徵為主，實為天竺之影響所致，「蘭陵王」和「踏搖娘」之中國戲劇，皆模仿天竺之「撥頭」一劇，也是最佳證明。

16.**詩歌方面**：原始佛典如《四阿含經》等，讀者較難明白。所以一些高僧大德作讚經、長行、偈頌，將其顯淺化、通俗化、務使人人能讀懂。梁啓超曾說：《孔雀東南飛》皆受此詩詞歌之影響。此外，蘇東坡等之新詩，也無不受唐之寒山、拾得所影響，亦可見一斑。

17.**語錄方面**：唐朝以後，語錄體漸趨流行，佛教大德皆能自創語錄，將佛教之義理，以淺白的語錄表達出來，成為當時之特有文學。宋朝朱、程之語錄，實乃攀仿禪宗而衍生。民國胡適更高度提倡白話語錄，並讚揚宋之禪宗語錄，一洗唐前之駢體堆砌文章，其影響亦顯而易見。

18.**小說方面**：印度民族，善於思維，想像豐富，題材新穎。唐以後，小說創作如雨後春筍，形式各異，其著名者，莫如《西遊記》，民間傳誦，膾炙人口。其餘作品，亦多不勝數，諸如《維摩經》、《百喻經》、《賢愚經》、《思益梵天所問經》……，無不受佛典啓發之影響，而傳誦古今。故研究中國文學或鑑賞中國特有中印混合之文學，豈能置佛教而不顧？

19.**變文方面**：「變文」，即「通俗文」又稱「俗文」或「唱文」。自敦煌石窟發現變文後，對中國文學史之影響殊大。鄭振

鐸在其《中國俗文學史》曾說：「在變文沒有發現以前，我們簡直不知道『平話』怎麼會突然在宋代產生出來？……」。故變文之出現，對近幾十年之文獻，增加了可貴之史料，不論宋之話本、小說、寶卷、戲曲……，莫不受其影響，而佛經之變文故事有：《維摩詰經變文》《、阿彌陀經變文》、《妙法蓮華經變文》、《大目乾連冥間救母變文》……。佛教之變文最後更蛻變出講唱文學式樣，具有中國特色之佛教故事變文。

20.**寶卷方面**：宋時，「變文」被禁止在公開場合演唱，民眾於是轉向村落發展，成為日後之「寶卷」。寶卷之內容龐雜，而其中與佛教有關者，為數不少，多以宣傳因果報應為主，如《目連救母出離地獄升天寶卷》、《藥師本願功德寶卷》、《魚藍觀音寶卷》等，皆以勸善止惡為本。惟用詞及描繪，遠不及變文生動活潑，修辭也不美，多是平舖直敘，且多口語。

21.**哲學方面**：周朝時，我國哲思、哲人各倡其說，其後漢武帝獨尊儒學，扼殺各類思想的發展。及後，佛教傳入中國，從融合、衝突、排斥而後再融和。至唐時，以禪宗思想為代表，操縱當時之思想界。宋時，周敦頤、張載、程灝、程頤，朱熹，莫不受佛教之思想影響。例如程子學習半日靜坐之觀想法，皆與禪學無異；又如陸象山等人，倡「宇宙即吾心，吾心即宇宙。」之學，皆不出禪學範疇。近者，如康有為、梁啓超、嚴復……等人，亦莫不受佛教之思想影響。康氏精孔學，取華嚴經之大小無礙義而開放自我之思想，他曾言：「自大之能遍全宇宙，小之能於微塵」，是一明證。章炳麟研佛家因明，唯識學而通諸子，貫通融會，條理分明。嚴復之《天演論》，亦以佛家專有名詞，參透其哲學思想。

22.**論理方面**：佛教之論理學，以因明為主，使學人規範及辨

別其言論及思惟之法則，令言論清晰。因明學雖在唐朝已傳入，唯限於佛學之應用，未能廣爲傳習，其擅長於演譯、歸納、符號之理論，三者兼具，實勝於西方之邏輯。其後，因明學才被廣用於大專必修科目，可見其影響之重要。

23.**醫學方面**：自中、印交通打開，在醫藥方面，兩者皆互有交流及相互影響。《隋書・經籍志》等，均有記載印度醫藥書籍之傳入。其中有療瘡疥、醫身病、治小兒等八種之多。又如靜坐調心，節制飲食，甚至節食、斷食，皆是印度之獨有醫學秘方。故百丈禪師說：「疾病以減食爲良藥」。印度之斷食進而影響中國修行之士，以斷食養生、修心而體驗本性，因而一些寺院、精舍每月均有定期之斷食集會，近代高僧弘一大師，正是以斷食之因緣有所領會而出家爲僧。故印度之醫學東傳，對中國之僧侶修行，亦產生積極之作用。

24.**天文方面**：天文曆法之學問，中國早期甚爲發達。自中印交通開通，從印度之曆法中亦取得一些啓發。「九執術」是印度傳入中土之傳統天竺曆法，由唐朝僧人一行大師所發明。中國自唐至明代，皆沿用此曆法，足可見證印度曆學在中國早已奠定相當基礎。佛教傳入中土，其曆法影響幾個朝代，其重要性亦可見一斑。

25.**風俗方面**：中國的風俗直接受佛家影響，佛教政治處於中立之位，於社會頗能移風易俗，最顯著者有：信三世因果、信六道輪迴、信善惡報應、信神通威力、信悔罪植福、信薦亡延壽、信修德消災及信祈願設供。論其種種，皆防人倫喪德，傷風敗俗。故佛教之傳入，實令國人多一條渠道釋放恐懼和空虛，尋找生命精神之支柱。

26.幻術方面：天竺佛典故事，無奇不有。佛教東來，將其神通事蹟，加以想像，並創出無限精彩表演，成為幻術師豐富的題材。中國幻術之內容受佛教影響後，千奇百怪，計有斷舌復續、剪帶還原、吐火、燒物不傷、缽內生蓮、九蓮寶燈、金蓮寶座、口吐蓮花及吞針等多種形式。中國文化藝術歷來對外來文化兼收並蓄，取其精要來豐富、完善自我。

27.翻譯方面：中國翻譯業可謂明珠璀璨，光芒萬象。從後漢至西晉之竺法蘭等人；到東晉至南北朝之鳩摩羅什等人；乃至唐朝時以玄奘等人所譯出之經典凡二萬餘卷，相比於中國二十五史之量六倍之多。而且，譯者多是當時首屈一指之寫作文人，潤文、譯文、配詞……皆以專人負責，故其所譯之經典，皆貼近原文而又能獨創文體（散、韻文並用）。

28.思維方面：中國儒家之傳統思想模式，皆以人為本作歸宿，故梁漱溟先生說：「儒家從不離開人來說話，其立腳點是人的立腳點，說來說去總還歸結到人身上，……。」[1]自佛教傳入中土，儒學漸被佛家之本體論所影響，將儒家之「人性」融合佛家之「本體」，形成一種「心性」理論。唐時，大儒李翱所著之《復性書》中，所言之「天命之性」實與佛教所言之「心性」無異。宋時，陸九淵更以「宇宙是吾心，吾心即是宇宙」的本體思維模式去談「心性」。明顯地，儒學已從人性走向心性，從而結合成為「天人合一」之身體思維模式。故儒學在發展過程中，融入佛教抽象本體論之新思維模式，建立日後之具本體心性之新儒學。

29.禪詩方面：禪詩，即佛詩，透過詩中的文字，體驗學佛修

---

1 梁漱溟：《儒佛異同論》‧梁漱溟全集》第七卷。

行人之思想情感。漢晉時，隨著佛典東傳，譯業開發，刺激文人雅士對佛學思想之認識，禪詩因而產生。到唐時，玄奘自天竺攜佛典回國，開始大量翻譯佛典，此時禪詩便進入黃金時期，文人雅士深受禪詩之影響，創造出舉世聞名之禪詩，如王維、白居易、蘇軾等唐宋大文豪，均有佳作流傳於世。其中王維更被喻爲「詩佛」。

　　30.**玄學方面**：魏晉時，佛教精通老莊玄學之高僧輩出，如道生、慧遠、道安、僧叡、僧肇……。由於佛教教義具高度包容性，遂爲當時國人所愛戴。因此，佛教徒不單弘揚本身佛教，而且繼承中國文化之發展。南北朝時，玄學與佛學開始互相吸納。如僧人支謙善用老莊之理論，融入佛經中作譯解。又如文人名士中之竹林七賢、劉勰、沈約等對佛學和老莊玄學視爲同一。道士王浮更著《老子化胡經》，說成佛祖是老子之化身。故佛學之般若思想在當時十分迎合老莊之玄學，並表示出佛教思想之高雅及內涵。

三、結　論

　　佛教傳入中國，對中國文化產生翻天覆地之變化，開拓國人之心智，無論人生觀、宇宙觀、本體觀，均有嶄新突破、啓導觀念，不獨豐富文士之思維，而且抒發其無窮之意境。佛教之包容性，使它無往而不利，進入中國後，融入儒、道兩教之哲學思想，成爲中國人所追求之新哲學。自兩漢後，儒、道兩家更附庸於佛教，可見其對中國文化所產生之影響，豈云少哉！

　　現今，中國文化涵蓋儒、釋、道三家之精神，佛教文化及觀念已深入各階層，成爲民眾日常生活之一部份，其價值不言而喻。

四、參考書目

太虛大師全書編纂委員會：《太虛大師全書》，太虛大師全書影
　　印委員會,中華民國五十九年十一月再版,第 40 冊,頁 10-14。

張漫濤主編：《佛教與中國文化》。台灣：大乘文化出版社,中
　　華民國六十七年(1978),頁 31-41,87-96,229-236,251-276,。

牟鐘鑒、張踐著：《中國宗教通史》。北京：社會科學文獻出版
　　社,2002,頁 544-546。

魏承思著：《中國佛教文化論稿》。上海：人民出版社,1991,
　　頁 296-313。

賴永海主編：〈建築卷〉‧《中國佛教百科全書》。上海：古籍
　　出版社,2002,頁 3-4。

賴永海主編：〈雕塑卷〉‧《中國佛教百科全書》。上海：古籍
　　出版社,2002,頁 3-5。

賴永海主編：〈書畫卷〉‧《中國佛教百科全書》。上海：古籍
　　出版社,2002,頁 269-272。

賴永海：〈佛儒之異同及其相互影響〉‧《圓光佛學學報創刊號》,
　　1993,頁 225-237。

黃國清：〈東初老人有關『佛教與中國文化』之撰述析論〉,台
　　灣：中華佛學研究所,第二期,頁 49-74。

太史文著：《幽靈的節日》。浙江：人民出版社,1999,頁 100-122。

傅偉勳著：〈心性體認本位的中國生死學與智慧〉‧《佛教與中
　　國文化學際學術會議論文集下輯》,1995,頁 679-693。

〈從公元七至十三世紀初看佛教滅亡於印度之原因〉

一、導　言

　　本文旨在對印度佛教滅亡於印度，作一檢查，指出其失敗滅亡之因素，好讓讀者在此問題上加以發揮、思考，除了從歷史、文獻、社會、文化等多方面探求其現象和問題外，還從宗教本身之業因角度，加以分析，讓讀者有較全面認識其成因之所在。首先，我會標舉歷來學者論述佛教滅亡於本土之原因，之後，我試圖從佛教的理論去解釋其亡於天竺的另一原因 —— 業力，替佛教徒消解這個悲哀。

二、正文：檢視佛教滅於印土之各種原因

　　蓋宗教乃人類之社會現象，精神生活之所須，從古至今，它體現了人類之文明，從滄海桑田到巨大變化，更成為各社會上之歷史現象，可謂歷久而常新。宗教顯而易見屬於人之大腦中之客

觀想象中之物質世界，與其它系統之社會意識盡不相同。故此，
他在歷史上生生不息，循環不已！如羅竹風主編《宗教學概論》
說：

> 在宗教中，人們把自己的經驗世界變成一種只是在思想中
> 的想像中的本質，這個本質作爲某種異物與人們對立著。[1]

佛教自釋迦牟尼於公元前六世紀創立以後，箇中經歷了原始
佛教，部派佛教，大乘佛教和密教等四個歷史階段，其後終成爲
世界三大宗教之一，至十三世紀回教大舉入侵印度，佛教在本土
卻銷聲匿跡，完全覆滅。此一宗教經歷多年，其哲學思想亦趨完
備，卻爲何落得如此下場，頗令人費解？然百載前，卻又從他國
再傳入印度，重現其教，雖復生機，但與昔日之盛況，誠不可同
日而語！歷來諸位學者皆有作出論述其衰亡之因，誠然，宗教之
業因，卻未見論述。故我在此略加補述，以臻完善。

佛教滅亡於印度本土之原因：

舉凡人文事象之變遷，絕非偶然而生，所謂：獨陰不生，孤
陽不長。是故，其主觀之內部矛盾與客觀之外在原因有著密切的
關係。今就其衰亡之各種原因，陳述如下：

（一）政局不穩

自公元七世紀後，印度政局漸趨惡劣。此時一如中國之割據
稱雄，互相攻佔，鬥爭不已。佛教在十世紀時，情況更每況愈下。
蓋佛教向以非暴力方法解決問題，此種方法，自孔雀王朝、貴霜
王朝，以至到芨多王朝沿用有效。自王朝瓦解，小國各自爲政，

---

1 羅竹風主編：《宗教學概論》。上海：華東師范大學出版社，1996，頁 1。

鬥爭、兼併，與日俱增，令非暴力之佛教無所適從，所謂：物競天擇，適者生存。從此，佛教作為宗教領導之地位，一蹶不振，此其一也。G.Roerich "Biography of Dharmasvamin" 記載：伊朗、中央亞世亞、阿富汗等國皆成伊斯蘭之信仰國，公元 712 年，印度河流域亦為阿剌伯之回教徒所攻佔。986 年土耳其系加慈尼朝，又佔領白夏瓦，不久，於 997 年，馬穆（Mahmud）即位為皇，先後出兵進攻北印，大部份北印土地已成其囊中物，並以掠奪財寶、俘擄奴隸、殺僧壞寺……無惡不作，不單對佛教打擊沈重，而且印度教亦難逃此刼。

　　佛教在當時所遭受摧殘亦可見一斑。然而回教未入侵印度之前，其固有之民族，每遇有紛爭，絕不用武力解決。

（二）外道復興

　　佛教雖然提倡平等觀念，釋迦時期之信徒也只能在其教團得到平等待遇，社會上不平等現象仍然存在。正因為封建制度尚無新的變化便加快印度教之復興，更促使婆羅門與剎帝利階級之融和，因為兩者都是既得利益者，共享獨有之特權，故十分支持種姓制度。此外，時有印度教徒商羯羅，立說巧妙，支持者眾，並取佛教之長，融入印度教教義，信徒驟增，建寺造院，可謂一時無兩，足跡遍及五印。學者冉雲華說：

> ……印度教之正統主義，才把整個的印度社會，納入種姓
> 制度，為每一個子在社會中規定了位置又從個人著手，規
> 定出種種規儀：從小孩出生，教育啟蒙，男女婚嫁，乃至

去世火葬等等，人生一切完全被包納於宗教生活之內。[2]

由于商羯羅之出現，至十世紀，印度教以壓倒性之姿態立足印度宗教界。再者，當時佛教徒不思進取，腐敗不堪，將寺院一步一步推向滅亡之途，而信徒對僧侶之信心大失，加上外來諸族，樂於受印度教之領導，致使佛教在印度逐漸衰頹。

（三）回教入侵

回教入侵印度導致佛教決定性之滅亡本土，這已是不爭之辯。自八世紀始，先有阿拉伯之馬亞王朝入侵印度；十世紀末，又有阿富汗蘇丹馬穆德採用武力，侵佔印之西北，開武力傳教之先河。在入侵過程中成千上萬之教徒慘遭殺害，毀寺焚書，破壞佛像，生葬僧侶，造成佛教之致命打擊，僧侶逃難於西藏、尼泊爾或暫避於南印，以避殺戮。及後，佛教最大規模之超戒寺更遭徹底摧毀，佛教文物典籍，幾無剩餘，正象徵印度佛教之毀滅。

（四）密宗興起

佛涅槃後，小乘橫行於印度，所向披靡。及後，大乘菩薩龍樹、馬鳴等乘時而起，立中觀空義，摧伏外道，廣弘大乘。無著論師繼弘大乘瑜珈行派，展「外無內有」，「事皆唯識」之理，兩派於天竺地域，各標其宗，廣明空有兩義，名聲顯赫。從表面看，瑜伽、中觀，仍發展鼎盛，惟與外間接觸越來越少，對社會之影響極之有限，密教亦乘時而起。相反，此時新婆羅門教之教義大事革新，摒棄多神信仰而改爲一神信仰，教義易於明白，方

法容易實行，舉凡供養、持咒、念誦、祈天……廣爲信徒接納。佛教密宗爲保社會地位，融入婆羅門之方法，失卻本來面目 —— 高尚教義。婆羅門教亦採佛教談空、二諦之教義，收爲己用。致是，兩教無論在外形和義理方面已混合到難於辨認，如婆羅門之烏摩，大自在等神，卻被誤爲佛教之觀世音菩薩，密教之興起，卻爲佛教帶來衰滅。

（五）乏衆支持

佛陀創教，旨在普渡衆生，受萬民景仰，傳誦後世。故僧侶在當時之社會地位崇高超然。佛滅後至十世紀以後，僧衆只顧自我修行及文化研究，日常生活皆依靠十方信衆供養，忽略社會群衆之道德及宗教水平，與信徒關係日漸疏離。故回軍攻入印度時，幾無在家信衆維護、支持。Ellio 編註《印度佛教史》說：

> 以猛勇而大膽的攻擊力量，衝進了一座城堡的大門，掠取了大量的戰品，此城的多數居民都是剃光頭髮的婆羅門，他們全被處死。[3]

由此可見，當回軍侵吞印度時，無論何教之信徒，對僧侶遭受迫害皆袖手旁觀，足證當時佛教之社會基礎甚爲薄弱。

（六）宗教法難

一個宗教若得到當時帝皇之支持，必然繁盛興隆，反之，則難以生存。過往歷史已有明證。

佛教受信奉婆羅門之弗沙密多王迫害，曾在迦濕彌羅國焚毀

---

3 Ellio 編註、王世安譯：《印度佛教史》，卷下，台北：華宇，民國 77 年（1988），《世界佛學名著譯叢本》，頁 220。

成千上萬之佛寺。及後，匈奴王摩邏矩羅又殺害僧侶信徒，毀寺滅典。至公元 1193 年，將軍庫都烏丁也屠殺僧侶及摧毀印度著名的那爛陀寺，經典手稿，文物典籍，頓時毀於一旦。據史學家記載：除《文殊根本劫經外》，無一幸免。須知，此寺名僧輩出，如戒賢，玄奘均出自此寺。自此，人才凋零，餘僧為求生存，多逃亡海外。

（七）小　結

以上提及佛教亡於印度本土之成因，歷來學者皆有論述。誠然，佛陀以因緣果報之教義弘宣世間，以「緣生緣滅」之理來教化弟子，學者多以歷史、社會、文化……角度去解釋其亡於印土，卻忽略宗教本身之業（業力）因，豈不奇哉？

三、標示佛教滅於印土之另類原因
—— 業力所牽

釋迦創教以「一切法因緣生唯識現」為其中心思想，其餘學說，則依此而投射開去。人生若如此，則所謂生者，必無突然其來，而死者亦必無突然其去；前者屬「無因論」，後者則屬「斷滅論」。佛以此二者皆不合理，故創「業力輪迴」、「緣起性空」之說，以明其因果。依此，印度佛教滅亡於本土，豈非業耶？今從佛教之經論、教理、教主、弟子，引以為據，陳述於下，以證其成。

（一）業之定義

「業」梵語羯磨（Karma），又名「業力」。論云：「造作名業」。意謂各人憑意志力不斷活動及其反應結果、造成自己之性格，這性格又成為將來支配自己之命運動力。奧義書說：

人依欲而成，因欲而有意向，因意向而有業，因業而有果。[4]

佛典亦說：

諸業愛無明，因積他世陰。[5]

生已盡滅，有業報而無作者，此陰滅已，異陰相續，[6]

佛家認為眾生之生死流轉，是由於種下前生之業因（可善可惡），從而業業相引，生生不息，輪迴六道。然業又分別、共業兩種。前者只屬於個人之行為而生之結果；後者則屬於兩個或以上之個體之行為結果。具體言之，個人之禍福，屬於別業所感，社會國家，乃至世界之禍福，則屬於共業所感。後者不論其範圍及影響較前者為大，雖能預計其必然，亦無法改變其發生。墨子所說：「子墨子言見染絲者而歎，曰：「染於蒼則蒼，染於黃則黃，所入者變，其色亦變，五入必，而已則為五色矣！故染不可不慎也！」[7]傅玄：「近朱者赤，近墨者黑」[8]。墨子和傅玄之熏習理論，與佛教之成業種子，實不謀而合。李翱復性書亦云：「人之所以稱為聖者性也，人之所以惑其性者情也。喜、怒、哀、樂、

---

4 布利合德：《奧義書》‧（四、四，頁 2-5）

5 《大正新脩大藏經》第二冊 No. 99《雜阿含經第十三》，頁 0088b09（00）。

6 《大正新脩大藏經》第二冊 No. 99《雜阿含經第十三》，頁 0092c18（00）-0092c19（01）。

7 《墨子》卷一〈所染〉。

8 晉‧傅玄《傅鶉觚集‧太子少傅箴》。

愛、惡、欲七者皆情之所爲，性既昏而情匿。」此中之「情」實
指習氣，即業力之因。因六根追逐六塵，其本性已失，如鏡中染
塵，不能照亮。此亦即神秀大師說：「身是菩提樹，心如明鏡台，
時常勤拂拭，莫使惹塵埃。」

是故，佛教滅於印度本土，亦是其業也。而佛教之基本教義，
不乏含此義，分析於下。

（二）佛教之基本教義 —— 五蘊

佛教視輪迴之根本是因「我執」，即造業之個體所造之業因。
《阿含經》中記載：

> 愚癡無聞凡夫，於色見是我異我相在，見色是我我所而取，
> 取已彼色若變若異，心亦隨轉，心隨轉已，亦生取著。……
> 愚癡無聞凡夫，於受、想、行、識，見是我異我相在，見
> 識是我我所而取，取已彼識若變若異，彼心隨轉，心隨故，
> 亦生取著。[9]

又說：

> 諸所有色，若過去、若現在，若內若外，若麤若細，若好
> 若醜，若遠若近，彼一切非我彼非我所，如實知。受、想、
> 行、識，亦復如是。[10]

此中之意，以五蘊論證無我，從緣起、無常之角度體驗業因
所帶來之果 —— 人身。《中阿含經》卷七云：

> 諸賢！猶如因材木，因泥土，因水草，覆裹於空，便生屋
> 名。諸賢！當知此身亦復如是，因筋骨，因皮膚，因肉血，

9　《雜阿含經》卷2，《大正藏》第2冊，頁10-11上。
10　《成業論》卷3，《大正藏》第2冊，頁22上。

纏裹於空，便生身名。[11]

這便是原始佛教之無我思想，其特色者，莫如將無我思想融入業感流轉之理論，成基本之教義。日本學者木村泰賢《原始佛教思想論》也贊同這觀點，茲引其文，以證之：

> 歸諸前代之經驗。就令有一為歸於祖先。一為歸於自己之差異。要其有相類似。則殊屬無疑。劲業說之結果。其一切均認為輪迴之關係。亦與進化（退化亦包括之）之思想相通。故自生物學的見地考之。業說之意義。亦殊可尋味。究為不可否定之事實也。雖然。今若直以進化論等之考察。與佛陀相並重。固當極宜審慎。綜之比於比人類與他之動物。為完全不同之特殊存在之思想。暨解釋生之氣質之差異。為超自然力之特見。則此業力說。與近代學術之見解。有可相合。此殆任何人所同為首肯者也。[12]

是故，木村泰賢視五蘊為業感之果，而業為動力因，顯示佛家之業與輪迴，實為眾生生命存在活動之依據。如此，眾生之生死，皆由其業所引，而佛徒被回教徒所殺可視為共業之果矣！這種講法不乏其說，以下我再用佛教教義十二因緣，引以為證。

（三）佛教之基本教義 —— 十二因緣

十二因緣又名十二緣起，佛家以此用來說明人生之經過，皆由此十二項互緣之支數，來說明現實人生之成立，也是原始佛學

11　《大正新脩大藏經》第一冊 No. 26《中阿含經第七》，頁 0466c28（00）-0467a02（02）。

12　木村泰賢著、歐陽瀚存譯：《原始佛教思想論》。台灣：商務印書館，民國 69 年（1980），頁 164。

對業感緣起觀念之解釋，亦以此爲理論基礎。《阿含經》說：

> 所謂緣起，倍復甚深難見，所謂一切取離、愛盡、無欲、
> 寂滅、涅槃；如此二法，謂有爲、無爲，有爲者若生、若
> 住、若異、若滅，無爲者不生、不住、不異、不滅，是名
> 比丘諸行苦寂滅涅槃。因集故苦集，因滅故苦滅，斷諸逕
> 路，滅於相續，相續滅滅，是名苦邊。比丘！彼何所滅？
> 謂有餘苦，彼若滅、止、清涼、息、沒，所謂一切取滅、
> 愛盡、無欲、寂滅、涅槃。[13]

又印順法師說：

> 行與業，指心所引發的身心動作說，而業又是因活動所引
> 起的勢用。這或者解說為 "經驗的反應"，或者稱之為 "生
> 活的遺痕。" 總之，由身心的活動而留有用，即稱為業。[14]

是故，修道者，若擺脫無明之推動，不作種種煩惱，自然不
起種種「愛」、「取」、這樣便不墮入生死流轉。木村泰賢《原
始佛教思想論》說得更爲詳盡：

> ……爲自前世說起。迄於未來之生。以愛爲達於青年期。
> 追求五欲之境時。所起之心作用。其結果爲取。依於取而
> 爲有。以締結以下之生老死。即此中雖未敍述十二支之全
> 體。然由受取以下之說明。而融貫全體精神解之。則自前
> 世爲起點。以迄於後世之生老死。其間不可不謂已說十二
> 支之全體。易言之。如以托胎時爲起點。而安置無明。以

13　《大正新脩大藏經》第二冊　No. 99《雜阿含經》，頁 0083c14（02）-0083c21
　　（00）。
14　印順：《佛法概論》，妙雲集中編。台北：明光堂印書局有限公司，民國
　　64 年（1975），頁 96。

行、識、名色、六入、觸之六支。配列於達到之青年期。其理固當如此。由是以無明配合於過去。以識為托胎之意識。以名、六入。為於胎內身心發育之經過。以觸為游戲熾盛之童子期。以受、愛、取為於現世之新煩惱。為業之積聚位。以有為死時未來運命所定之位。以生老死配合於未來之一生而解釋之。斯即有部等三世兩重因果說也。[15]

木村泰賢以十二緣起三世兩重因果解說個生命流轉過程，剖析生命之由來及其果報在於前生一切之「愛」、「取」等輾轉為煩惱與業之源頭，而招引今生之苦惱人生，故人之不幸，可謂有迹可尋，人之共業，豈非無因？除基本教義外，佛教大乘空有兩宗亦有其義。

（四）佛教大乘教理 —— 唯識學派

唯識宗以種子學說，說明業力引發流轉之因。此宗說：由於業種子形成後，潛藏於心，遇緣而起，造身、口、意三業，又再熏成新種子，前滅後生，相續不斷，苦樂之果，由此感招。《成業論》云：

夫熏習者，令彼所熏相續變成功能差別，如此礦汁熏拘櫞花，令彼相續功能轉變。[16]

又頌云：

心與無邊種，俱相續恆流，遇各別熏緣，心種便增盛，種

---

15 木村泰賢著、歐陽瀚存譯：《原始佛教思想論》。台灣：商務印書館，民國 69 年（1980），頁 199-201。
16 《大乘成業論》，《大正藏》第 31 冊，頁 785。

力漸次熟，緣合時與果，如染拘櫞花，果時瓤色亦。[17]

此又是一個業感招果的例子。

（五）佛教大乘教理 —— 中觀學派

從上可見，佛教之基本教理無不含攝因緣果報之理、證明人之遭遇，遇緣而生（包括別、共業）。故一切法，亦不離其業力所感，更何況一個宗教之滅亡。現再舉大乘佛教之空宗義理，以證之。

大乘中觀學派對業感之說，不乏其理。今摘錄其頌文，以釋之。龍樹菩薩《中觀論頌》說：

「業住至受報，是業即為常，若滅即無常，云何生果報。」[18]

「諸業本不生，以無定性故，諸業亦不滅，以其不生故。」[19]

「若言業決定，而自有性者，受於果報已，而應更復受。」[20]

「若諸世間業，從於煩惱出，是煩惱非實，業當何有實。

諸煩惱及業，是說身因緣，煩惱諸業空，何況於諸身。」[21]

「業不從緣生，不從非緣生，是故則無有，能起於業者，

無業無作者，何有業生果，若其無有果，何有受果者。」[22]

17　《大乘成業論》，《大正藏》第 31 冊，頁 784 下。

18　《大正新脩大藏經》第三十冊　No. 1564《中論》卷第三，頁 0022a06（0 －0022a07（00）。

19　《大正新脩大藏經》第三十冊　No. 1564《中論》卷第三，頁 0022c29（00 －0023a01（00）。

20　《大正新脩大藏經》第三十冊　No. 1564《中論》卷第三，頁 0023a08（00）－0023a09（00）。

21　《大正新脩大藏經》第三十冊　No. 1564《中論》卷第三，頁 0023a29（00）－0023b01（00）。

22　《大正新脩大藏經》第三十冊　No. 1564《中論》卷第三，頁 0023b16（00）－0023b17（00）。

以上各頌，其大意爲從開始造業直至感「受」果「報」，這業力是存在不失。業亦待緣而生，若無作業因，便無其業果。其業因主要爲「愛」，及其「所愛」，通過身、口、意三業作善惡之因，若無能作之作者，所作之果便不可得。故昔日婆羅門與佛教徒，若無殺業之業因，其被殺之果，又豈能感招？除了佛家之教義具如此之業因果報之理，佛陀及其弟子之本生故事亦有載之。

（六）佛教人物 —— 釋迦牟尼

前面已略述「別業」與「共業」之不同，從影響本身說，即爲別業；從影響他人說，即共業。個人之別業，同類相攝，異類相拒。共業則相攝相拒，其關係複雜，輾轉構成，互爲依傍，直至引發共同趨勢，即名爲「共業所感」。依此法則，不但眾生對其共業所感招之果報無能爲力，而且聖賢之類，也回天乏術。釋迦本生故事有這樣的記載：

> 有一次，佛陀的祖國迦毘羅城，遭到憍薩彌羅國的琉璃王的侵略，佛陀起初也曾為愛國的熱忱所動，想為祖國出力幫忙，佛陀曾三次坐在路上阻攔琉璃王的大軍，但琉璃王逢到佛陀，雖每次回軍，但報仇和侵略的恨心終沒有息，佛陀知道因果業的報應，應該要把它完結，佛陀盡了愛國的心後，就只有由他去。[23]

釋迦雖具六大神通，無所不知，威力無窮，對此，亦概嘆無能爲力。由此觀之，業力感招之威力，確實非同凡響，故十三世紀印度佛教法難，即使僧侶不與社會疏離，乏民眾支持，共業將

---

23 轉引自星雲：《十大弟子》。高雄：佛光出版社，民國 67 年（1978），頁 65。

至，其宗教滅亡之命運，亦難逃厄運！

（七）佛教人物 —— 目犍連

鬼節中之目犍連救母故事，大家可能耳熟能詳，但目犍連如何殉教，我想大家未必知曉。

目犍連號稱神通第一，佛陀十大弟子之一，可預知未來，法力超然，當時無人能及，最後卻被外道所殺。時有阿闍世王得知此事，非常震驚，並起疑團，為何尊者之神通威力不能幸免於難，於是向釋迦詢問，佛答言：

> 諸比丘！目犍連殉教的時候，並不是他不知道預防，他有大神通力，他可以保衛自己不死，但這不是究竟的辦法，修行的人不可違背因果法則，目犍連在因中捕魚，殺生的業要了結。而且……。[24]

佛陀是自覺覺他之聖人，但絕非能以自力對抗業力，他深知弟子目犍連往昔為捕魚獵者，所害眾生，不可量度，別業如此，唯受報償還，才不違因果法則。這又再一說明，生死唯業之道理.

四、結　論

本文主要以佛教業力之觀點來開展一個宗教現象之探討。這個現象除了有它的普遍性外，還有其特殊之宗教意義 —— 超越歷史內容。伊利亞德說：

---

24 轉引自星雲：《十大弟子》。高雄：佛光出版社，民國 67 年（1978），頁 70。

……宗教史家會運用某一宗教現象（例如薩滿主義）全部的「歷史」呈現，來發掘這一現象的「所說所指」：研究者，一面抓住（作為）歷史的具體（的宗教現象），但另一方面亦當嘗試解讀那透過歷史而顯現的宗教資料的超越歷史之內容。[25]

佛教生於印度，也亡於天竺。從表面上看，它是一過失敗的宗教活動，但細而觀之，13 世紀以後，它仍不斷發放光芒，而且比以前更光更亮，蓋因印度佛教之種子在那時已逐漸地傳至世界各地，影響至今。

本文試圖透過佛教之教義……去解釋業感招果之道理，從而揭示印度佛教衰亡之另一原因。總之，研讀者，若以一個信徒之心態（特別是佛教徒），持一個輪迴觀去體會，較能體會其正價值及意義。

---

25 李凌瀚：《重構伊利亞德的宗教史觀 —— 方法論之反思》。香港中文大學宗教系碩士論文，1997，頁 47。

〈詩僧蘇曼殊的詩歌之美〉

一、格律美

　　格律與聲律，向爲詩歌研究的重要角度，因其不獨能發見作者的風格，更可從中分析詩作的優劣[1]。今試從體制、字聲及用韻三項入手，探討曼殊詩的格律的特點及技巧。

（一）體　制

　　根據近人馬以君《燕子龕詩箋注》所收錄[2]，蘇曼殊詩共存一百零三首[3]，它的體制分類約有如下幾種：

1.五言古體絕句（共二首）[4]

　　例如：

1　朱少璋：《蘇曼殊散論》。香港：下風堂文化事業，1994，頁 46。

2　本章引詩，全以馬以君《燕子龕詩箋注》一書爲依據（四川：人民出版社，1983 年）。

3　曼殊詩多爲絕句，王德鍾（1886-1927）在〈燕子龕詩‧序〉中說：「曼殊好爲絕句，他詩未之多見。」高旭（1877-1925）在〈寄懷曼殊印度〉中說：「雪蜨上人工短吟」。見柳亞子：《蘇曼殊全集》（北京：中國書店，1985 年），第四冊，頁 85；第五冊，頁 380。

4　絕句是四句一首的短詩，可分爲古絕、律絕、拗絕三類。席金友指古絕不受格律限制，既不講究平仄，也不講究粘對，並以押仄聲韻爲常規。（參見席金友：《詩詞基本知識》。內蒙古：人民出版社，1980 年 5 月第一版，頁 121-122。）

　　清涼如美人，莫愁如月鏡。

　　終日對凝妝，掩映萬荷柄。（莫愁湖寓望）

案：此首「鏡、柄」二字屬去聲二十四敬韻。

　　日暮有佳人，獨立瀟湘浦。

　　疏柳盡含煙，似憐亡國苦。（為玉鸞女弟繪扇）

案：此首「浦、苦」二字屬上聲七麌韻。

2.五言律體絕句仄起調首句不押韻（共三首）[5]

例如：

　　來醉金莖露，胭脂畫牡丹。

　　落花深一尺，不用帶蒲團。（東法忍）

案：此首「丹、團」二字屬上平聲十四寒韻。

---

5 席金友：《詩詞基本知識》指出，古絕因受唐代律詩影響，在格律上也形
　成一套固定的格式，漸漸發展成律絕。律絕特點有三方面：
　（1）每首四句：五絕每句五字，全首二十字；七絕每句七字，全首二十
　八字。
　（2）限押平聲韻：五絕以首句不入韻為常例，首句入韻為變例；七絕以
　首句入韻為常例，首句不入韻為變例。
　（3）平仄必須按照格律規定，而且講究粘對。
　這一種絕句是有定式的聲調。此聲調，即不外起句不入韻與起句入韻兩
　體；平起及仄起兩調而已。起句第二字為平聲，即為平起調；起句第二
　字為仄聲，即為仄起調，茲說明如下。
　五言絕句格式（凡平仄字加上□，代表平仄可通融；△表示韻腳。餘例
　相同）：
　（1）仄起不入韻式
　仄仄平平仄，平平仄仄平△平平平仄仄，仄仄仄平平△
　（2）仄起入韻式
　仄仄仄平平△平平仄仄平△平平平仄仄，仄仄仄平平△
　（3）平起不入韻式
　平平平仄仄，仄仄仄平平△仄仄平平仄，平平仄仄平△
　（4）平起入韻式
　平平仄仄平△仄仄仄平平△仄仄平平仄，平平仄仄平△

萬物逢搖落，姮娥耐九秋。

縞衣人不見，獨上寺南樓。（南樓寺懷法忍、葉葉）

案：此首「秋、樓」二字屬下平聲十一尤韻。

一曲淩波去，紅蓮禮白蓮。

江南誰得似？猶憶李龜年。（飲席贈歌者賈翰卿）

案：此首「蓮、年」二字屬下平聲一先韻。

3.七言律體絕句（共八十四首）[6]

例如：

海天龍戰血玄黃。披髮長歌覽大荒。

易水蕭蕭人去也，一天明月白天霜。

（以詩並畫留別湯國頓二首之二）

案：此首「黃、荒、霜」三字屬下平聲七陽韻。[7]

蹈海魯連不帝秦。茫茫煙水著浮身。

國民孤憤英雄淚，灑上鮫綃贈故人。

（以詩並畫留別湯國頓二首之一）

案：此首「秦、身、人」三字屬上平聲十一真韻。[8]

---

6 七言絕句格式：
 （1）仄起不入韻式：仄仄平平平仄仄，平平仄仄仄平平△
        平平仄仄平平仄，仄仄平平仄仄平△
 （2）仄起入韻式：仄仄平平仄仄平△平平仄仄仄平平△
       平平仄仄平平仄，仄仄平平仄仄平△
 （3）平起不入韻式：平平仄仄平平仄，仄仄平平仄仄平△
       仄仄平平平仄仄，平平仄仄仄平平△
 （4）平起入韻式：平平仄仄仄平平△仄仄平平仄仄平△
       仄仄平平平仄仄，平平仄仄仄平平△
 又考曼殊七言律體絕句：平起調首句押韻四十一首，仄起調首句押韻三
 十首，平起調首句不押韻九首，仄起調首句不押韻四首。
7 案：此首為平起調首句押韻式。
8 案：此首為仄起調首句押韻式。

偷嘗天女唇中露，幾度臨風拭淚痕。

日日思卿令人老，孤窗無那正黃昏。（寄調箏人三首之三）

案：此首「痕、昏」字屬上平聲十三元韻。[9]

烏舍淩波肌似雪，親持紅葉索題詩。

還卿一缽無情淚，恨不相逢未剃時。（本事詩十首之六）

案：此首「詩、時」字屬上平聲四支韻。[10]

4.拗體絕句

王力《漢語詩律學》指拗絕就是失粘失對的律絕和古絕，所以絕詩實只有律絕及古絕兩種[11]。而席金友《詩詞基本知識》亦指拗絕就是失粘失對的律絕，後人合三為二，把拗絕也歸入古絕一類。[12]

曼殊詩的拗體絕句，共有十首，例如：[13]

無量春愁無量恨，一時都向指間鳴。

9　案：此首為平起調首句不押韻式。
10　案：此首為仄起調首句不押韻式。
11　王力：《漢語詩律學》。上海：教育出版社，1962，頁 41。
12　席金友：《詩詞基本知識》。內蒙古：人民出版社，1980，頁 121-122。
13　七言拗體絕句格式：
　　（1）仄起仄接，第一句不押韻式
　　仄仄平平平仄仄，平平仄仄仄平平△
　　仄仄平平平仄仄，平平仄仄仄平平△
　　（2）仄起仄接，第一句押韻式
　　仄仄平平仄仄平△平平仄仄仄平平△
　　仄仄平平平仄仄，平平仄仄仄平平△
　　（3）平起平接，第一句不押韻式
　　平平仄仄平平仄，仄仄平平仄仄平△
　　平平仄仄平平仄，仄仄平平仄仄平△
　　（4）平起平接，第一句押韻式
　　平平仄仄仄平平△仄仄平平仄仄平△
　　平平仄仄平平仄，仄仄平平仄仄平△

我已袈裟全濕透，那堪重聽割雞箏。（題靜女調箏圖）

案：此首為仄起仄接起句不入韻式。

愧向尊前說報恩。香殘玦黛淺含顰。

卿自無言儂已會，湘蘭天女是前身。（本事詩之五）

案：此首為仄起仄接起句入韻式。

桃腮檀口坐吹笙。春水難量舊恨盈。

華嚴瀑布高千尺，不及卿卿愛我情。（本事詩之六）

案：此首為平起平接起句入韻式。

以上三首詩，古人亦有所提及，稱為「折腰體」。《詩人玉屑》卷二談折腰體時，曾作以下的說明：

謂中失粘而意不斷。渭城朝雨浥輕塵。客舍青青柳色新。勸君更進一杯酒，西出陽關無故人。[14]

這種折腰體，表面上不合格律，但在詩法上是容許的。

5.五言律詩平起調首句不押韻（只一首）[15]

例如：

---

14 魏慶之編：《詩人玉屑》。上海：上海古籍出版社，1982，上冊，頁 34。
15 五言律句格式：
（1）仄起不入韻式
仄仄平平仄，平平仄仄平△平平平仄仄，仄仄仄平平△
仄仄平平仄，平平仄仄平△平平平仄仄，仄仄仄平平△
（2）仄起入韻式
仄仄仄平平△平平仄仄平△平平平仄仄，仄仄仄平平△
仄仄平平仄，平平仄仄平△平平平仄仄，仄仄仄平平△
（3）平起不入韻式
平平平仄仄，仄仄仄平平△仄仄平平仄，平平仄仄平△
平平平仄仄，仄仄仄平平△仄仄平平仄，平平仄仄平△
（4）平起入韻式
平平仄仄平△仄仄仄平平△仄仄平平仄，平平仄仄平△
平平平仄仄，仄仄仄平平△仄仄平平仄，平平仄仄平△

佳人名小品，絕世已無儔。橫波翻瀉淚，綠黛自生愁。

舞袖傾東海，纖腰惑九州。傳歌如有訴，餘轉雜箜篌。（佳人）

案：此首「儔、愁、州、篌」四字屬下平聲十一尤韻。

6.七言律詩仄起調首句押韻（共二首）[16]

例如：

十日櫻花作意開。繞花豈惜日千回。

昨宵風雨偏相厄，誰向人天訴此哀。

忍見胡沙埋豔骨，空將清淚滴深杯。

多情漫作他年憶，一寸春心早已灰。（櫻花落）

案：此首「開、回、哀、杯、灰」五字屬上平聲十灰韻。

何處停儂油壁車。西泠終古即天涯。

搗蓮煮麝春情斷，轉綠回黃妄意賒。

玳瑁窗虛延冷月，芭蕉葉卷抱秋花。

傷心怕向妝台照，瘦盡朱顏只自嗟。（何處）

---

16 七言律句格式：
　（1）仄起不入韻式：仄仄平平平仄仄，平平仄仄仄平平△
　　　　　　　　　　平平仄仄平平仄，仄仄平平仄仄平△
　　　　　　　　　　仄仄平平平仄仄，平平仄仄仄平平△
　　　　　　　　　　平平仄仄平平仄，仄仄平平仄仄平△
　（2）仄起入韻式：仄仄平平仄仄平△平平仄仄仄平平△
　　　　　　　　　　平平仄仄平平仄，仄仄平平仄仄平△
　　　　　　　　　　仄仄平平平仄仄，平平仄仄仄平平△
　　　　　　　　　　平平仄仄平平仄，仄仄平平仄仄平△
　（3）平起不入韻式：平平仄仄平平仄，仄仄平平仄仄平△
　　　　　　　　　　仄仄平平平仄仄，平平仄仄仄平平△
　　　　　　　　　　平平仄仄平平仄，仄仄平平仄仄平△
　　　　　　　　　　仄仄平平平仄仄，平平仄仄仄平平△
　（4）平起入韻式：平平仄仄仄平平△仄仄平平仄仄平△
　　　　　　　　　　仄仄平平平仄仄，平平仄仄仄平平△
　　　　　　　　　　平平仄仄平平仄，仄仄平平仄仄平△
　　　　　　　　　　仄仄平平平仄仄，平平仄仄仄平平△

案：此首「車、涯、賒、花、嗟」五字屬下平聲六麻韻。[17]

7.五言古體詩歌（只一首）

例如：

> 君為塞上鴻，我是華亭鶴。遙念曠處士，對花弄春爵。
>
> 良訊東海來，中有《遊仙》作。勸我加餐飯，規我近綽約。
>
> 炎蒸困覊旅，南海何遼索。上國亦已燕，黃星向西落。
>
> 青驪逝千里，瞻烏止誰屋。江南春已晚，淑景付冥莫。
>
> 建業在何許，胡塵紛漠漠。佳人不可期，皎月照羅幕。
>
> 九關日已遠，肝膽竟誰托。願得趨無生，長作投荒客。
>
> 竦身上須彌，四顧無崖崿。我馬已玄黃，梵土仍寥廓。
>
> 恒河去不息，悲風振林薄。袖中有短書，思寄青飛雀，
>
> 遠行戀儔侶，此志常落拓。

（耶婆提病中，末公見示新作，伏枕奉答，兼呈曠處士）

案：此首全押入聲韻。

綜上所述，可知蘇曼殊最喜歡作七言絕句詩歌，共九十四首，幾佔全集百分之九十，而七言古體詩歌，則完全不作。爲了明目起見，現將曼殊詩歌的種類數目統計列表如下：

種　　　　　類	數　　目	種　　　　　類	數　　目
五 言 古 體 絕 句	2	五 言 古 體 詩	1
五言仄起律體絕句	3	五 言 平 起 律 詩	1
七言仄起拗體絕句	7	七言平起拗體絕句	3
七言仄起律體絕句	34	七言平起律體絕句	50
七 言 仄 起 律 詩	2	總　　　　　計	103

17　案：以上兩首，皆爲仄起調首句入韻式。

（二）字　聲

1.黏　對

我國字聲，共有平上去入四聲。平謂之平，上去入統謂之仄。關於近體詩的平仄格式，相傳有兩句口訣，就是：「一三五不論，二四六分明」，這是就七言律詩而論的。所謂「一三五不論」者，即詩句之第一字、第三字或第五字平仄皆可不論。平聲可以易爲仄聲，仄聲亦可易爲平聲，不必拘定平仄也；所謂「二四六分明」者，即詩句之第二字、第四字或第六字其平仄必須依照平仄譜之規定。當用平者必用平，當用仄者必用仄，平仄不可亂也[18]。否則，便犯了「失對」和「失黏」之病。

黏和對，這是兩個不同的概念，是對近體詩（包括律詩和絕句）的特定要求。近體詩之所以要講究平仄，目的在於使詩句的聲韻不至於單調或雷同。所謂「黏」，就是要求兩句之間平聲字和平聲字相黏聯，仄聲字和仄聲字相黏聯。具體要求是：在兩聯之間，後聯出句第二字的平仄必須和前聯對句第二字的平仄相一致，也就是第三句第二字跟第二句第二字相黏。第五句第二字和第四句第二字相黏，第七句第二字和第六句第二字相黏。所謂

---

18 關於「一三五不論，二四六分明」之說，近人王力認爲「和事實頗不相符……七言詩第三字的平仄必須分明，『仄仄平平仄仄平』不得改爲『仄仄仄平仄仄平』，如果近體詩違犯了這一個規律，就叫做『犯孤平』。孤平是詩家的大忌。由此看來，『一三五不論』的口訣是靠不住的。」《漢語詩律學》第一章第七節，頁 83-85。近人席金友又認爲「七言仄腳的詩句」（即平平仄仄平平仄和仄仄平平平仄仄）允許有三個字不論（即第一、三、五字），平腳的詩句（即平平仄仄仄平平），在這個句式中，第五字非論不可，否則就會形成古風的『三平調』了。」《詩詞基本知識》第三章第五節，頁 107。

「對」，指的是一聯之中，要求上下兩句的平仄兩兩成對。具體說來就是：如果出句某個位置上用的是平聲字，那麼對句同一位置上就必須用一個仄聲字與它相對；如果出句某個位置上用的是仄聲字，那麼對句同一位置上就必須用一個平聲字與它相對。凡是違反了「黏」的規則的，就叫做「失黏」；違反了「對」的規則的，就叫做「失對」。

綜觀蘇曼殊一百零三首詩歌，「失黏」的只有一首[19]，例如：

> 佳人名小品，絕世已無儔。橫波翻瀉淚，綠黛自生愁。

> 舞袖傾東海，纖腰惑九州。傳歌如有訴，餘轉雜箜篌。（佳人）

這首五言律詩，首聯與次聯的平仄完全相同，違反了「黏」的規則的，就是「失黏」的明證。至於「失對」，則完全沒有。換言之，他的詩歌失律，約佔全部百分之一而已。

近體詩（包括律絕）為什麼要講究黏對，這是因為運用黏對的規則，可以使整首詩的平仄富於變化，回環往復，聲調多樣，節奏優美，讀起來抑揚頓挫，鏗鏘悅耳。如果不「黏」，那麼前後兩聯的平仄就會雷同；如果不「對」，那麼一聯之中的上下句平仄就重複了。這樣一來，詩的聲韻就要大受影響，就會失去它的回環的美。因此，失黏和失對，於詩意無多大影響，但是對於詩的音韻，畢竟是稍欠悅耳。

2.拗　救

所謂「拗救」，就是詩人有時在上句該平的地方用了仄聲，

---

19 初唐詩人往往不顧慮失黏，像陳子昂宋之問杜審言等，都有失黏的例子。盛唐如王維、李白和杜甫，失黏的詩句也不少。如王維〈賈至早朝〉，起結俱失黏；如杜甫〈詠懷古蹟五首之二〉，首聯失黏；李白〈春日遊羅敷潭〉，四聯皆失黏。大約「黏」的形式，在律詩形成的時候雖已有這種傾向，卻還未成為必須遵守的規律。中唐以後，黏的規律漸嚴。

便在下句該仄的地方用平聲以為抵償；或在上句該仄的地方用了平聲，便在下句該平的地方用仄聲以為抵償。王力曾說：「詩人對於拗句，往往用『救』。拗而能救，就不為病。」[20]至於拗救的方式，大概可分為兩種：一為本句自救，二為對句相救。

（1）本句自救

蘇曼殊的近體詩歌屬此種的，共四十一首五十句。其中：用平拗仄救者，有四首四句；用仄拗平救者，則有三十七首四十六句。譬如：

> 好花零落雨綿綿。辜負韶光二月天。
> 知否玉樓春夢醒，有人愁煞柳如煙。（春日）

案：「知否玉樓春夢醒」一句，第一字拗平，故第三字以仄聲相救。

> 丹頓拜輪是我師。才如江海命如絲。
> 朱弦休為佳人絕，孤憤酸情欲語誰。（本事詩十首之三）

案：「丹頓拜輪是我師」一句，第一字拗平，故第三字以仄聲相救。

> 相逢天女贈天書。暫住仙山莫問予。
> 曾遣素娥非別意，是空是色本無殊。（次韻奉答懷甯鄧公）

案：「曾遣素娥非別意」一句，第一字拗平，故第三字以仄聲相救。

> 孤村隱隱起微煙。處處秧歌競插田。
> 羸馬未須愁遠道，桃花紅欲上吟鞭。（澱江道中口占）

案：「羸馬未須愁遠道」一句，第一字拗平，故第三字以仄

---

20 語見王力：《漢語詩律學》第一章第八節，頁91-99。

聲相救。

　　蹈海魯連不帝秦。茫茫煙水著浮身。

　　國民孤憤英雄淚，灑上鮫綃贈故人。

　　（以詩並畫留別湯國頓二首之一）

　　案：「國民孤憤英雄淚」一句，第一字拗仄，故第三字以平
聲相救。

　　送卿歸去海潮生。點染生綃好贈行。

　　五里徘徊仍遠別，未應辛苦為調箏。

　　（調箏人將行，屬繪《金粉江山圖》，題贈二絕之二）

　　案：「未應辛苦爲調箏」一句，第一字拗仄，故第三字以平
聲相救。

　　柳陰深處馬蹄驕。無際銀沙逐退潮。

　　茅店冰旗知市近，滿山紅葉女郎樵。（過蒲田）

　　案：「滿山紅葉女郎樵」一句，第一字拗仄，故第三字以平
聲相救。

　　折得黃花贈阿嬌。暗擡星眼謝王喬。

　　輕車肥犢金鈴響，深院何人弄碧簫。（東居雜詩十九首之七）

　　案：「暗擡星眼謝王喬」一句，第一字拗仄，故第三字以平
聲相救。

（2）對句相救

　　蘇曼殊的近體詩歌屬此種的，共十八首三十六句。其中：用
平拗仄救者，有十首二十句；用仄拗平救者，則有八首十六句。
譬如：

　　秋風海上已黃昏。獨向遺編吊拜輪。

　　詞客飄蓬君與我，可能異域為招魂。（題《拜輪集》）

　　案：「詞客飄蓬君與我，可能異域爲招魂。」上句第一字拗平，所以下句第一字用仄聲相救。

　　羅幕春殘欲暮天。四山風雨總纏綿。

　　分明化石心難定，多謝雲娘十幅箋。（無題八首之八）

　　案：「羅幕春殘欲暮天。四山風雨總纏綿。」上句第一字拗平，所以下句第一字用仄聲相救。

　　人間天上結離憂。翠袖凝妝獨倚樓。

　　淒絕蜀楊絲萬縷，替人惜別亦生愁。（東居雜詩十九首之十七）

　　案：「淒絕蜀楊絲萬縷，替人惜別亦生愁。」上句第一字拗平，所以下句第一字用仄聲相救。

　　姑蘇台畔夕陽斜。寶馬金鞍翡翠車。

　　一自美人和淚去，河山終古是天涯。（吳門依易生韻十一首之四）

　　案：「一自美人和淚去，河山終古是天涯。」上句第三字拗仄，故下句第三字以平聲相救。

　　年華風柳共飄蕭。酒醒天涯問六朝。

　　猛憶玉人明月下，悄無人處學吹簫。（吳門依易生韻十一首之七）

　　案：「猛憶玉人明月下，悄無人處學吹簫。」上句第三字拗仄，故下句第三字以平聲相救。

　　平原落日馬蕭蕭。剩有山僧賦大招。

　　最是令人淒絕處，垂虹亭畔柳波橋。（吳門依易生韻十一首之九）

　　案：「最是令人淒絕處，垂虹亭畔柳波橋。」上句第三字拗

仄，故下句第三字以平聲相救。

> 燈飄珠箔玉箏秋。幾曲回闌水上樓。
>
> 猛憶定庵哀怨句，三生花草夢蘇州。（東居雜詩十九首之九）

案：「猛憶定庵哀怨句，三生花草夢蘇州。」上句第三字拗仄，故下句第三字以平聲相救。

3.齟齬

董文渙《聲調四譜圖說》曾指出：[21]

> 無論五律、七律，其重要之法有二：一為一句之中，四聲俱備。二為第一句、第三句、第五句、第七句之末一字，不可連用兩上聲、或兩去聲。必上、去、入相間。律詩備此二法，讀之必聲調鏗鏘，方盡四聲之妙。

所謂「一句之中，四聲俱備」，就是盡可能在一句的五個字或七個字之內，具備平上去入四聲，而且相間地應用；同時，上聯出句之末一字，切不可與下聯出句之末一字同聲，不然，便會犯「鶴膝」之病[22]。其實，一句之中，四聲俱備；平上去入四聲，相間遞用，這種作法，毋疑是令人讀起來鏗鏘悅耳，卻給予詩人一種不可忍受的束縛。這種詩偶然做一首則可，首首如此，則勢所不能。李重華《貞一齋詩話》中亦曾討論到仄聲輪用的原則：

> 同一仄聲，須細分上、去、入……。[23]

所以，我們只須注意仄聲字的運用，盡可能避免兩個或以上同調的仄聲在一起，如「上上」、「去去」、「入入」等，否則，

---

21 簡明勇：《杜甫七律研究與箋注》第二篇第一章第二節，頁 94。

22 日人遍照金剛：《文鏡秘府論・文二十八種病》，頁 169。據劉善經：「四曰鶴膝，五言詩第五字不得與第十五字同聲。言兩頭細中央麤似鶴膝也。」

23 丁福保（1874-1952）編：《清詩話》。上海：古籍出版社，1987，頁 934。

很容易觸犯「齟齬」之病。所謂「齟齬」，日人遍照金剛載說：

> 齟齬病者，一句之內，除第一字及第五字，其中三字有二字相連，同上去入是。如曹子建詩云：「公子敬愛客」，「敬」與「愛」是其中三字，其二字相連，同去聲是也。元兢曰：「平聲不成病，上去入是重病。」[24]

日人遍照金剛嘗說：[25]

> 若犯上聲，其病重於鶴膝。

唐人上官儀亦說：[26]

> 犯上聲，是斬刑；去入，亦絞刑。

試檢閱曼殊五言詩，句中第二、第三字而有兩仄相連，共有四處，例如：

> 來醉金莖露，胭脂畫牡丹。
>
> 落花深一尺，不用帶蒲團。（東法忍）

案：「用帶」二字，乃去上聲字。

> 萬物逢搖落，姮娥耐九秋。
>
> 縞衣人不見，獨上寺南樓。（南樓寺懷法忍、葉葉）

案：「上寺」二字，乃上去聲字。

> 一曲淩波去，紅蓮禮白蓮。
>
> 江南誰得似？猶憶李龜年。（飲席贈歌者賈翰卿）

案：「憶李」二字，乃入上聲字。

> 佳人名小品，絕世已無儔。橫波翻瀉淚，綠黛自生愁。
>
> 舞袖傾東海，纖腰惑九州。傳歌如有訴，餘轉雜箜篌。（佳人）

---

24 日人遍照金剛：《文鏡秘府論・文二十八種病》，頁190。
25 日人遍照金剛：《文鏡秘府論・文二十八種病》，頁194。
26 日人遍照金剛：《文鏡秘府論・文二十八種病》，頁194。

案：「惑九」二字，乃入上聲字。完全是沒有犯「齟齬」之病。

再檢閱曼殊七言詩，句中第五、第六字而有兩仄相連，共有一百一十五處，犯「齟齬」之病，則有二十五處。舉例說明如下：

（1）兩仄相連同用上聲字（共六處）

例如：

> 丹頓拜輪是我師。才如江海命如絲。
>
> 朱弦休為佳人絕，孤憤酸情欲語誰。（本事詩十首之三）

案：「是我」二字，乃同為上聲字。

> 斜插蓮蓬美且卷。曾教粉指印青編。
>
> 此後不知魂與夢，涉江同泛采蓮船。（失題）

案：「美且」二字，乃同為上聲字。

> 十日櫻花作意開。繞花豈惜日千回。
>
> 昨宵風雨偏相厄，誰向人天訴此哀。
>
> 忍見胡沙埋豔骨，空將清淚滴深杯。
>
> 多情漫作他年憶，一寸春心早已灰。（櫻花落）

案：「早已」二字，乃同為上聲字。

> 范滂有母終須養，張儉飄零豈是歸。
>
> 萬里征塵愁入夢，天南分手淚沾衣。（別雲上人）

案：「豈是」二字，乃同為上聲字。

> 江城如畫一傾杯。乍合仍離倍可哀。
>
> 此去孤舟明月夜，排雲誰與望樓臺。（東行別仲兄）

案：「倍可」二字，乃同為上聲字。

> 鞁韉院落月如鉤。為愛花陰懶上樓。
>
> 露濕紅渠波底襪，自拈羅帶淡娥羞。（東居雜詩十九首之六）

案：「懶上」二字，乃同爲上聲字。

（2）兩仄相連同用去聲字（共十二處）

例如：

蹈海魯連不帝秦。茫茫煙水著浮身。

國民孤憤英雄淚，灑上鮫綃贈故人。

（以詩並畫留別湯國頓二首之一）

案：「贈故」二字，乃同爲去聲字。

收拾禪心侍鏡臺。沾泥殘絮有沉哀。

湘弦灑遍胭脂淚，香火重生劫後灰。（爲調箏人繪像二首

之一）

案：「侍鏡」二字，乃同爲去聲字。

烏舍淩波肌似雪，親持紅葉索題詩。

還卿一缽無情淚，恨不相逢未剃時。（本事詩十首之六）

案：「未剃」二字，乃同爲去聲字。

碧玉莫愁身世賤，同鄉仙子獨銷魂。

袈裟點點疑櫻瓣，半是脂痕半淚痕。（本事詩十首之八）

案：「半淚」二字，乃同爲去聲字。

九年面壁成空相，持錫歸來悔晤卿。

我本負人今已矣，任他人作樂中箏！（本事詩十首之十）

案：「悔晤」二字，乃同爲去聲字。

孤燈引夢記朦朧。風雨鄰庵夜半鐘。

我再來時人已去，涉江誰爲采芙蓉？（過若松町有感）

案：「夜半」二字，乃同爲去聲字。

秋風海上已黃昏。獨向遺編吊拜輪。

詞客飄蓬君與我，可能異域爲招魂。（題《拜輪集》）

案：「吊拜」二字，乃同為去聲字。

空言少據定難猜。欲把明珠寄上才。

聞道別來餐事減，晚妝猶待小鬟催。（無題八首之一）

案：「寄上」二字，乃同為去聲字。

碧海雲峰百萬重。中原何處托孤蹤。

春泥細雨吳趨地，又聽寒山夜半鐘。（吳門依易生韻十一

首之二）

案：「夜半」二字，乃同為去聲字。

平原落日馬蕭蕭。剩有山僧賦大招。

最是令人淒絕處，垂虹亭畔柳波橋。（吳門依易生韻十一

首之九）

案：「賦大」二字，乃同為去聲字。

白水青山未盡思。人間天上兩靡微。

輕風細雨紅泥寺，不見僧歸見燕歸。（吳門依易生韻十一

首之十一）

案：「見燕」二字，乃同為去聲字。

卻下珠簾故故羞。浪持銀臘照梳頭。

玉階人靜情誰訴，悄向星河覓女牛。（東居雜詩十九首之一）

案：「故故」二字，乃同為去聲字。[27]

（3）兩仄相連同用入聲字（共七處）

例如：

春雨樓頭尺八簫。何時歸看浙江潮。

芒鞋破缽無人識，踏過櫻花第幾橋。（本事詩十首之九）

---

27 案：「故故」是疊字，非兩去連用不可。

案：「尺八」二字，乃同爲入聲字。

　　白妙輕羅薄幾重。石欄橋畔小池東。

　　胡姬善解離人意，笑指芙渠寂寞紅。（遊不忍池示仲兄）

案：「寂寞」二字，乃同爲入聲字。[28]

　　誰贈師梨一曲歌。可憐心事正蹉跎。

　　琅玕欲報何從報，夢裏依稀認眼波。（題《師梨集》）

案：「一曲」二字，乃同爲入聲字。

　　軟紅簾動月輪西。冰作闌杆玉作梯。

　　寄語麻姑要珍重，鳳樓迢遞燕應迷。（無題八首之三）

案：「玉作」二字，乃同爲入聲字。

　　羅幕春殘欲暮天。四山風雨總纏綿。

　　分明化石心難定，多謝雲娘十幅箋。（無題八首之八）

案：「十幅」二字，乃同爲入聲字。

　　銀燭金杯映綠紗。空持傾國對流霞。

　　酡顏欲語嬌無力，雲髻新簪白玉花。（東居雜詩十九首之十）

案：「白玉」二字，乃同爲入聲字。

　　珍重嫦娥白玉姿。人天攜手兩無期。

　　遺珠有恨終歸海，睹物思人更可悲。（東居雜詩十九首之十九）

案：「白玉」二字，乃同爲入聲字。

　　一代遺民痛劫灰。聞師從聽笑聲哀。

　　滇邊山色俱無那，迸入滄浪潑墨來。（題蔡哲夫藏擔當《山水冊》）

---

28 案：「寂寞」是聯綿字，非兩入連用不可。

案：「潑墨」二字，乃同爲入聲字。

從以上可知，曼殊詩觸犯「齟齬」之病，實得二十三處，約佔全集百分之二十而已。

4.平　頭

「平頭」是詩歌「八病」之一種。所謂「八病」，是指詩歌聲律上的八種毛病。南齊沈約等講求韻律，探討詩文聲病，至唐纔有八病的名目。「八病」爲：平頭、上尾、蜂腰、鶴膝、大韻、小韻、旁紐、正紐[29]。所謂「平頭」，據劉善經說：

平頭詩者，五言詩第一字不得與第六字同聲，第二字不得與第七字同聲。同聲者，不得同平上去入四聲，犯者名爲犯平頭。

本人以爲近體詩的上句第一字與下句第一字同平聲，不足爲病；若果同用上去入聲，就是犯平頭病。

竊考曼殊詩，上句第一字與下句第一字同爲仄聲，共有五十四次，其中：上句第一字與下句第一字同爲上聲的，共有五次，譬如：

> 雨笠煙蓑歸去也，與人無愛亦無嗔。（寄調箏人三首之一）
> 我已袈裟全濕透，那堪重聽割雞箏。（題《靜女調箏圖》）
> 我亦艱難多病日，那堪重聽八雲箏。（本事詩十首之一）
> 遠行戀儔侶，此志常落拓。（耶婆提病中，末公見示新作，伏枕奉答，兼呈曠處士）
> 只是銀鶯羞不語，恐防重惹舊啼痕。（無題八首之四）

案：以上詩句，上句第一字與下句第一字同爲上聲。

上句第一字與下句第一字同爲去聲的，共有六次，譬如：

---

29 日人遍照金剛：《文鏡秘府論・文二十八種病》，頁 169。

為君昔作傷心畫，妙迹何勞劫火焚。（以胭脂為某君題扇）

寄語麻姑要珍重，鳳樓迢遞燕應迷。（無題八首之三）

縱使有情還有淚，漫從人海說人天。（無題八首之七）

看取紅酥渾欲滴，鳳文雙結是同心。（東居雜詩十九首之五）

露濕紅渠波底襪，自拈羅帶淡娥羞。（東居雜詩十九首之六）

問到年華更羞怯，背人偷指十三弦。（碧闌杆）

案：以上詩句，上句第一字與下句第一字同為去聲。

上句第一字與下句第一字同為入聲的，共有四次，譬如：

易水蕭蕭人去也，一天明月白天霜。（以詩並畫留別湯國頓二首之二）

白妙輕羅薄幾重。石欄橋畔小池東。（遊不忍池示仲兄）

欲寄數行相問訊，落花如雨亂愁多。（寄廣州晦公）

落花深一尺，不用帶蒲團。（東法忍）

案：以上詩句，上句第一字與下句第一字同為入聲。

質言之，曼殊詩犯平頭病，共有十五次，約占全部百分之二十八。

（三）用　韻

詩之有韻，猶柱之有礎。礎不穩則柱必傾，韻不穩則詩必劣。詩之工拙，大半關係於韻，所以，押韻是詩歌最重要特點之一。

劉勰嘗說：

是以聲畫妍蚩，寄在吟詠；吟詠滋味，流於字句；字句氣力，窮於和韻。異音相從謂之和，同聲相應謂之韻。[30]

---

30 劉勰：《文心雕龍・聲律》。臺北：文史哲出版社，民國 74 年（1985），頁 106。

沈約答陸厥問聲韻書說：

文章之音韻，同管弦之聲曲。[31]

所謂「韻」，本指和諧的聲音。劉彥和所謂「同聲相應謂之韻」，就是指韻母的相同或相近，即所謂「葉韻」或「協韻」。文辭和音樂一樣，要聲音的節奏更美，便須講究「協韻」。「協韻」，必須用收音相同的字。把收音相同的字分成若干種，就是「韻部」。韻部的多少，古今不同。大抵周、秦、兩漢時代的韻，我們叫它做「古韻」；隋、唐以後的韻，我們叫它做「今韻」[32]。今韻以宋代陳彭年等修訂陸法言《切韻》而成的《廣韻》為主，分二百零六部；後來，南宋平水人劉淵更增修為《壬子新刊禮部韻略》，並為一百零七部，成為目前流行的韻書，這就是所謂「平水韻」。

押韻，就是在某一詩句的句末用一個韻母相同的字，由於押韻的位置通常都在句末，所以一般都把押韻的地方叫做「韻腳」。舊體詩一般都是逢雙句押韻的，單句不用韻。律詩是第二、四、六、八句押韻，第一、三、五、七句不押韻。但是，在有的情況下，第一句也有用韻的。

細看蘇曼殊九十首近體詩歌中，第一句用韻的，竟多達七十三首，而第一句不用韻的，共有十七首。舉例如下：

海天龍戰血玄黃。披髮長歌覽大荒。

易水蕭蕭人去也，一天明月白天霜。

---

31 高明：《高明文輯》下冊〈論聲律〉一文。臺北：黎明文化事業公司，民國 67 年（1978），頁 439。
32 雖然魏、晉、南北朝時已有韻書，可惜書沒有傳下來；分部的情形，我們不能確知，只能從那時協韻的文辭窺探一二。隋、唐以後的韻書，現在大都還存在。

（以詩並畫留別湯國頓二首之二）

江頭青放柳千條。知有東風送畫橈。

但喜二分春色到，百花生日在今朝。（花朝）

案：以上兩首是平起調，首句押韻式。[33]

蹈海魯連不帝秦。茫茫煙水著浮身。

國民孤憤英雄淚，灑上鮫綃贈故人。

（以詩並畫留別湯國頓二首之一）

十日櫻花作意開。繞花豈惜日千回。

昨宵風雨偏相厄，誰向人天訴此哀。

忍見胡沙埋豔骨，空將清淚滴深杯。

多情漫作他年憶，一寸春心早已灰。（櫻花落）

案：以上兩首是仄起調，首句押韻式。[34]

禪心一任蛾眉妒，佛說原來怨是親。

雨笠煙蓑歸去也，與人無愛亦無嗔。（寄調箏人三首之一）

佳人名小品，絕世已無儔。橫波翻瀉淚，綠黛自生愁。

舞袖傾東海，纖腰惑九州。傳歌如有訴，餘轉雜箜篌。（佳人）

案：以上兩首是平起調，首句不押韻式。[35]

萬物逢搖落，姮娥耐九秋。縞衣人不見，獨上寺南樓。

（南樓寺懷法忍、葉葉）

碧玉莫愁身世賤，同鄉仙子獨銷魂。

袈裟點點疑櫻瓣，半是脂痕半淚痕。（本事詩十首之八）

案：以上兩首是仄起調，首句不押韻式。[36]

33　案：平起調，首句入韻者，共四十一首。
34　案：仄起調，首句入韻者，共三十二首。
35　案：平起調，首句不入韻者，共十首。
36　案：仄起調，首句不入韻者，共七首。

由此可知，蘇曼殊較喜用首句押韻之體式。

高明先生曾認為協韻要達到理想，促成文辭聲音之美，至少要做到三點：第一、韻要與情緒相合；第二、韻要互相調協；第三、韻要響亮妥帖，切忌啞滯晦僻[37]。若以蘇曼殊的詩歌協韻技巧觀之，可以說大半是符合了高氏之論點。譬如：

> 江城如畫一傾杯。乍合仍離倍可哀。
>
> 此去孤舟明月夜，排雲誰與望樓臺。（東行別仲兄）

這是一首贈別詩，詩中寫了作者臨行時落寞的心境，以及作者自己內心的惆悵情懷。而此首正用了上平十灰韻，因為上平十灰韻的收音屬「埃」（ai），這類韻字，多半是表現沈重哀痛的情緒的。又如：

> 范滂有母終須養，張儉飄零豈是歸。
>
> 萬里征塵愁入夢，天南分手淚沾衣。（別雲上人）

這亦是一首贈別詩，詩中寫了作者歸國時的心境，以及作者自己送友思友的落寞情懷，而此首正用了上平五微韻。因為上平五微韻的收音屬「衣」（i），這類韻字，多半是表現氣餒折鬱的情思的。又如：

> 雲樹高低迷古墟。問津何處覓長沮。
>
> 漁郎行入深林處，輕叩柴扉問起居。（遲友）

這是一首訪友詩，詩中寫了作者訪友時迷路的情景，表現了作者自歎人生道路坎坷，羨慕他人生活閑逸的情懷。而此首正用了上平六魚韻，因為上平六魚韻的收音屬「烏」（u），這類韻字，

---

37 高明：《高明文輯》下冊〈論聲律〉。臺北：黎明文化事業股份有限公司，民國 67（1978），頁 440-442。

多半是含有日暮途窮、極端失意的情感的。[38]

此外，亦深知蘇曼殊使用韻字，多是陰陽清濁相間遞用的。譬如：

> 蹈海魯連不帝秦。茫茫煙水著浮身。
>
> 國民孤憤英雄淚，灑上鮫綃贈故人。
>
> （以詩並畫留別湯國頓二首之一）

案：此首用上平十一真韻。「秦」、「人」屬陽平調，而「身」則屬陰平調。

> 海天空闊九皋深。飛下松間聽鼓琴。
>
> 明日飄然又何處，白雲與爾共無心。（題畫）

案：此首用下平十二侵韻。「深」、「心」屬陰平調，而「琴」則屬陽平調。

> 收拾禪心侍鏡臺。沾泥殘絮有沉哀。
>
> 湘弦灑遍胭脂淚，香火重生劫後灰。（為調箏人繪像二首之一）

案：此首用上平十灰韻。「台」、「灰」屬陽平調，而「哀」則屬陰平調。

從以上分析，可以說蘇曼殊的協韻技巧，多是符合了高氏的三個論點，難怪他的作品，不但風神好、氣骨好、意境好、字句好，而情韻也很好，促成了文辭聲音的諧協。

以下試從韻部運用及韻字選擇，列表分析蘇曼殊一百零三首詩歌的協韻技巧如下：

---

38 謝雲飛：《文學與音律》第四章〈韻語的選用和欣賞〉。臺北：東大圖書公司印行，頁 61。

篇次	篇　　　名	上平聲	下平聲	上聲	去聲	入　　聲	韻字	韻　　　部
1	以詩並畫留別湯國頓二首之一	秦身人					3	上平十一真
2	以詩並畫留別湯國頓二首之二		黃荒霜				3	下平七陽
3	住西湖白雲禪院作此	峰紅鐘					3	（紅）上平一東（峰鐘）上平二冬
4	花朝		條橈朝				3	下平二蕭
5	春日		綿天煙				3	下平一先
6	有懷二首之一		聲明城				3	下平八庚
7	有懷二首之二		能勝僧				3	下平十蒸
8	集義山句懷金鳳	思知時					3	上平四支
9	題畫		深琴心				3	下平十二侵
10	莫愁湖寓望				鏡柄		2	去聲二十四敬
11	憶劉三、天梅	身　人					2	上平十一真
12	久欲南歸羅浮不果因望不二山有感聊書所懷寄二兄廣州兼呈晦聞哲夫秋枚三公滬上		顏山還				3	上平十五刪
13	西湖韜光庵夜聞鵑聲簡劉三		年　鵑				2	下平一先
14	為調箏人繪像二首之一	台哀灰					3	上平十灰
15	為調箏人繪像二首之二	師絲誰					3	上平四支
16	調箏人將行囑繪金粉江山圖題贈二絕之一		情驚城				3	下平八庚
17	調箏人將行囑繪金粉江山圖題贈二絕之二		生行箏				3	下平八庚
18	寄調箏人三首之一	親　嗔					2	上平十一真
19	寄調箏人三首之二		煙年眠				3	下平一先
20	寄調箏人三首之三	痕　昏					2	上平十三元
21	本事詩十首之一		鳴　箏				2	下平八庚

22	題靜女調箏圖寄包天笑		鳴　箏				2	下平八庚
23	本事詩十首之二		煎然緣				3	下平一先
24	本事詩十首之三	師絲誰					3	上平四支
25	本事詩十首之四	顰身					3	上平十一真
26	本事詩十首之五		笙盈情				3	下平八庚
27	本事詩十首之六	詩　時					2	上平四支
28	本事詩十首之七	雲　裙					2	上平十二文
29	本事詩十首之八	魂　痕					2	上平十三元
30	本事詩十首之九		簫潮橋				3	下平二蕭
31	本事詩十首之十		卿　箏				2	下平八庚
32	答鄧繩侯	書予殊					3	（書予）上平六魚（殊）上平七虞
33	遊不忍池示仲兄	重東紅					3	（東紅）上平一東（重）上平二多
34	代柯子簡少侯（一作代柯子柬少侯）	絲時眉					3	上平四支
35	寄晦聞（一作寄廣州晦公）		歌何多				3	下平五歌
36	過平戶延平誕生處		邊　前				2	下平一先
37	題師梨集		歌跎波				3	下平五歌
38	失題		鬂編船				3	下平一先
39	過若松町有感（一作孤燈）	朧鐘蓉					3	（朧）上平一東（鐘蓉）上平二多
40	過若松町有感示仲兄		僧　冰				2	下平十蒸
41	櫻花落	開回哀懷　灰					5	上平十灰
42	澱江道中口占（一作蒲田道中）		煙田鞭				3	下平一先
43	過蒲田（一作定江口占）		驕潮樵				3	下平二蕭
44	落日（一作失題）	濱神人					3	上平十一真
45	題拜侖集	昏輪魂					3	（昏魂）上平十三元（輪）上平十一真
46	耶婆提病中未公見示新作伏					鶴爵作約索落屋莫漠幕托客	17	入聲十藥（屋）入聲一屋

	枕奉答兼呈曠處士			崿廓薄雀拓		（客）入聲十一陌
47	步韻答雲上人三首之一	塵身人			3	上平十一真
48	步韻答雲上人三首之二	塵身人			3	上平十一真
49	步韻答雲上人三首之三	倫身人			3	上平十一真
50	別雲上人	歸　衣			2	上平五微
51	簡法忍	丹　團			2	上平十四寒
52	以胭脂為某君題扇	焚　紛			2	上平十二文
53	遲友	壚沮居			3	上平六魚
54	無題八首四	猜才催			3	上平十灰
55	無題八首之一		旁香唐		3	下平七陽
56	無題八首之二	西梯迷			3	上平八齊
57	無題八首之三	昏魂痕			3	上平十三元
58	無題八首之八		瑯房鴦		3	下平七陽
59	無題八首之五	嘶泥低			3	上平八齊
60	無題八首之六		千憐天		3	下平一先
61	無題八首之七		天綿箋		3	下平一先
62	吳門依易生韻十一首之一	根頻門			3	（根門）上平十三元（頻）上平十一真
63	吳門依易生韻十一首之二	重蹤鐘			3	上平二冬
64	吳門依易生韻十一首之三	階懷開			3	（階懷）上平九佳（開）上平十灰
65	吳門依易生韻十一首之四		斜車涯		3	下平六麻
66	吳門依易生韻十一首之五	灰來台			3	上平十灰
67	吳門依易生韻十一首之六	哀台開			3	上平十灰
68	吳門依易生韻十一首之七		蕭朝簫		3	下平二蕭
69	吳門依易生韻十一首之八	風東紅			3	上平一東
70	吳門依易生韻十一首之九		蕭招橋		3	下平二蕭

71	吳門依易生韻十一首之十		樓舟愁			3	下平十一尤
72	吳門依易生韻十一首之十一	思微歸				3	（思）上平四支（微歸）上平五微
73	何處		車涯睗花　嗟			5	下平六麻
74	南樓寺懷法忍葉葉		秋　樓			2	下平十一尤
75	爲玉鸞女弟繪扇			浦苦		2	上聲七麌
76	飲席贈歌者（一作彥居士席上贈歌者賈碧雲）		蓮　年			2	下平一先
77	佳人		儔　愁州　篌			4	下平十一尤
78	東行別仲兄	杯哀台				3	上平十灰
79	憩平原別邸贈玄玄		涯家花			3	下平六麻
80	偶成	匆空容				3	（匆空）上平一東（容）上平二多
81	芳草		煙　鈿			2	下平一先
82	東居雜詩十九首之一		羞頭牛			3	下平十一尤
83	東居雜詩十九首之二		悠秋流			3	下平十一尤
84	東居雜詩十九首之三		樓休篌			3	下平十一尤
85	東居雜詩十九首之五		偷幽愁			3	下平十一尤
86	東居雜詩十九首之六		沈深心			3	下平十二侵
87	東居雜詩十九首之七		鉤樓羞			3	下平十一尤
88	東居雜詩十九首之八		嬌喬簫			3	下平二蕭
89	東居雜詩十九首之九		流舟愁			3	下平十一尤
90	東居雜詩十九首之十		秋樓州			3	下平十一尤

序號	詩題	上平	下平	上聲	去聲	入聲	合計	韻部
91	東居雜詩十九首之十三		紗霞花				3	下平六麻
92	東居雜詩十九首之十四		腰描朝				3	下平二蕭
93	東居雜詩十九首之十五		驕橋潮				3	下平二蕭
94	東居雜詩十九首之十七	詞知思					3	上平四支
95	東居雜詩十九首之十八	時之詞					3	上平四支
96	東居雜詩十九首之十九	伊時枝					3	上平四支
97	東居雜詩十九首之四		鉤牛留				3	下平十一尤
98	東居雜詩十九首之十一		憂樓愁				3	下平十一尤
99	東居雜詩十九首之十二	裙盦樽					3	（裙盦）上平十二文（樽）上平十三元
100	東居雜詩十九首之十六	姿期悲					3	上平四支
101	碧欄杆		娟前弦				3	下平一先
102	晨起口占		紗家花				3	下平六麻
103	題《擔當山水冊》	灰哀來					3	上平十灰
合計		129	143	4	0	17	293	

　　從以上表中，可知蘇曼殊一百零三首的詩歌，共用了上平聲韻十三個韻部一百二十九個韻字，下平聲韻九個韻部一百四十三個韻字，上聲韻一個韻部二個韻字，去聲韻一個韻部二個韻字，入聲韻一個韻部十七個韻字，總計二百九十三個韻字。[39]

　　一般而論，近體詩押韻限定甚嚴，全首只准用平聲韻腳，而

39　上平聲韻部十三個：一東五首、二冬一首、四支十首、五微一首、六魚三首、八齊二首、九佳一首、十灰七首、十一真八首、十二文三首、十三元五首、十四寒一首、十五刪一首，合共四十八首。

且必須一韻到底，不得押古詩之通韻字或轉韻字，更不得於通轉韻外押他韻字，若於本韻外，押及通韻字、轉韻字、別韻字皆爲落韻。

曾克耑先生嘗說：

> 落韻者，出韻之謂也。古韻之通轉，惟押於古詩則可。若於律詩，究屬不宜。昔唐人裴虔餘曾作七絕一首，其上聯押一「垂」字，下聯押一「歸」字，績溪胡仔譏之曰：「檢廣韻集韻略，『垂』與『歸』皆不同韻，此詩爲落韻矣。」[40]

以此論之，從以上表中亦可知蘇曼殊一百零三首詩歌中，竟有十一首是有「出韻」的毛病的，約佔全部的十分一，茲舉證說明如下：

1.上平一東韻與下平二冬韻互押者四首

白雲深處擁雷峰。幾樹寒梅帶雪紅。

齋罷垂垂渾入定，庵前潭影落疏鐘。（住西湖白雲禪院作此）

案：「峰」、「鐘」二字同屬上平二冬韻；「紅」字則屬上平一東韻。

白妙輕羅薄幾重。石欄橋畔小池東。

胡姬善解離人意，笑指芙渠寂寞紅。（遊不忍池示仲兄）

案：「重」字屬上平二冬韻；「東」、「紅」二字則同屬上平一東韻。

孤燈引夢記朦朧。風雨鄰庵夜半鐘。

我再來時人已去，涉江誰爲采芙蓉？（過若松町有感）

案：「鐘」、「蓉」二字同屬上平二冬韻；「朧」字則屬上

---

40 載見曾克端所編：《學詩初步》卷中，第十三章，頁42。

平一東韻。

> 人間花草太匆匆，春未殘時花已空。
>
> 自是神仙淪小謫，不須惆悵憶芳容。（偶成）

案：「匆」、「空」二字同屬上平一東韻；「容」字則屬上平二冬韻。

2.上平四支韻與上平五微韻互押者一首

> 白水青山未盡思，人間天上兩靡微。
>
> 輕風細雨紅泥寺，不見僧歸見燕歸。（吳門依易生韻十一首之十一）

案：「思」、字屬上平四支韻；「微」、「歸」二字則同屬上平五微韻。

3.上平六魚韻與上平七虞韻互押者一首

> 相逢天女贈天書，暫住仙山莫問予。
>
> 曾遣素娥非別意，是空是色本無殊。（次韻奉答懷寧鄧公）

案：「書」、「予」二字同屬上平六魚韻；「殊」字則屬上平七虞韻。

4.上平九佳韻與上平十灰韻互押者一首

> 月華如水浸瑤階，環佩聲聲擾夢懷。
>
> 記得吳王宮裏事，春風一夜百花開。（吳門依易生韻十一首之三）

案：「階」、「懷」二字同屬上平九佳韻；「開」字則屬上平十灰韻。

5.上平十一真韻與上平十三元韻互押者二首

> 秋風海上已黃昏。獨向遺編弔拜輪。
>
> 詞客飄蓬君與我，可能異域為招魂。（題《拜輪集》）

　　案：「昏」、「魂」二字同屬上平十三元韻；「輪」字則屬
上平十一真韻。

　　　江南花草盡愁根，惹得吳娃笑語頻。

　　　獨有傷心驢背客，暮煙疏雨過閶門。（吳門依易生韻十一
　　　首之一）

　　案：「根」、「頻」二字同屬上平十一真韻；「門」字則屬
上平十三元韻。

6.上平十二文韻與上平十三元韻互押者一首

　　　六幅瀟湘曳畫裙，燈前蘭麝自氤氳。

　　　扁舟容與知無計，兵火頭陀淚滿樽。（東居雜詩十九首之
　　　十八）

　　案：「裙」、「氳」二字同屬上平十二文韻；「樽」字則屬
上平十三元韻。

7.入聲一屋韻、入聲十藥韻及入聲十一陌韻互押者一首

　　　君為塞上鴻，我是華亭鶴。遙念曠處士，對花弄春爵。

　　　良訊東海來，中有《遊仙》作。勸我加餐飯，規我近綽約。

　　　炎蒸困羈旅，南海何遼索。上國亦已蕪，黃星向西落。

　　　青驪逝千里，瞻烏止誰屋。江南春已晚，淑景付冥莫。

　　　建業在何許，胡塵紛漠漠。佳人不可期，皎月照羅幕。

　　　九關日已遠，肝膽竟誰托。願得趨無生，長作投荒客。

　　　竦身上須彌，四顧無崖崿。我馬已玄黃，梵土仍寥廓。

　　　恒河去不息，悲風振林薄。袖中有短書，思寄青飛雀，

　　　遠行戀儔侶，此志常落拓。

　　　（耶婆提病中，末公見示新作，伏枕奉答，兼呈曠處士）

　　案：「屋」字屬入聲一屋韻；「客」字屬入聲十一陌韻；其

餘韻字全屬入聲十藥韻。[41]

以此推論，蘇曼殊用韻過於寬鬆而有失詩律者矣。

二、整齊美

由於中國文字的形體，是一字一形體，一字一音節的方塊字，這樣便給中國文學的形式帶來了「整齊美」[42]。最能表現這種美的形式，莫過於「對仗」的運用了。

對偶又稱對仗，是漢語體系的特有形式。所謂對偶，就是指上下兩句字數相等、句法相侔、平仄相對的一種修辭格。對偶是中國古典文學作品中常見常用的修辭，特別在駢文、韻文中廣為採用。對偶很早就受到了重視和研究，不僅分類微細，總結出許多的對偶類型，而且存著不少同名異實、同實異名的紛亂現象。譬如：

> 劉勰分之為四類：言對、事對、正對和反對[43]。唐人上官儀曾總結對偶為正名對、同類對、連珠對、雙聲對、疊韻對和雙擬對六類；皎然把對偶分為的名對、異類對、雙聲對、疊韻對、聯繫對、雙擬對、回文對、隔句對八類。日人峰寺禪念沙門弘法大師〈遍照金剛〉在《文鏡秘府論》

---

41 古體詩雖然可以換韻及通韻，但亦有一定的規限。譬如入聲一屋韻，入聲十藥韻，及入聲十一陌韻，三部韻字是絕不可以通用的。

42 高明先生：〈談中國文學的形式美〉，《高明文輯》下。臺北：黎明文化事業股份有限公司，民國67（1978），頁95。

43 語見劉勰：《文心雕龍・麗辭篇》。

又分之為二十九種[44]。近人朱承平更將對偶詳分為八十七對。[45]

本人以為對仗為詩之容色，亦為修辭之功。其字型即天然而可以雙排並寫，無長短不齊之弊；其字音即天然而可以陰陽清濁，左右相應；其字義即天然而可以鴛鴦鶼鰈，比翼聯鑣，此為中國文字天然而特具之美質。所以在古今詩文中，對偶之用甚為廣泛。

試觀乎蘇曼殊一百零三首詩歌中，使用對仗的共有二十三次。其中：五言絕句共零次；七言絕句十七次；五言律詩共二次；七言律詩三次；五言古詩共一次；七言古詩零次。現分十二項舉例說明如下：

（一）當句對（集中共十次）[46]

譬如：

無限春愁無限恨。（題《靜女調箏圖》）

無量春愁無量恨。（本事詩十首之一）

才如江海命如絲。（本事詩十首之三）

---

44 唐時，日本弘法大師在他的《文鏡秘府論・論對》一文中，將對偶分為二十九種，雖失之於苛細繁複，或義界不明，或劃類標準不統一，但尚有一定的參考價值。詳見日人遍照金剛：《文鏡秘府論》。臺北：學海出版社，民國 63（1974），頁 83-84。

45 朱承平：《對偶辭格》。長沙：嶽麓書社出版，2003，（目錄）頁 1-5。

46 當句對是日人遍照金剛（774-835）《文鏡秘府論》所提出的一種對偶，是指對偶的關係同在一句中出現，簡單地說，即是當句對仗的對偶。宋人洪邁《容齋隨筆》云：「唐人詩文，或於一句之中自成對偶，謂之當句對。」汪國勝等編的《漢語辭格大全》就曾舉《楚辭・九歌・湘君》中的「桂棹兮蘭櫂，斲冰兮積雪」為例。當句對的特色是句中的「桂棹」與「蘭櫂」成對；「斲冰」與「積雪」成對，都是詞與詞的對仗。當句對一般的要求是字數相同，詞義相對，也可以只就內容的相對，而字數、平仄，可以不論地成對。

　　卿自無言儂已會。（本事詩十首之四）

　　半是脂痕半淚痕。（本事詩十首之八）

　　無端狂笑無端哭。（過若松町有感示仲兄）

　　不愛英雄愛美人。（落日）

　　冰作闌杆玉作梯。（無題八首之三）

　　星裁環佩月裁璫。（無題八首之五）

　　春未殘時花已空。（偶成）

案：以上十句，皆爲句中自成相對的例子。

（二）的名對（集中只一次）[47]

譬如：

君爲塞上鴻，我是華亭鶴。

（耶婆提病中，末公見示新作，伏枕奉答，兼呈曠處士）

案：「君」與「我」，正正相對也。

（三）同類對（集中共二次）[48]

譬如：

　　寒禽衰草伴愁顏。駐馬垂楊望雪山。（久欲南歸羅浮不果，

　　因望不二山有感，聊書所懷，寄二兄廣州，兼呈晦聞、哲

　　夫、秋枚三公滬上）

---

47 所謂的名對，根據日本弘法大師在他的《文鏡祕府論・論對》一文中說：
　「的名對者，正也。凡作文章，正正相對。上句安天，下句安地；上句
　安山，下句安穀；……如此之類，名爲的名對。」（臺北：學海出版社，
　民國 63 年（1974），頁 84。）

48 所謂同類對，亦即同對。根據日本弘法大師在他的《文鏡祕府論・論對》
　一文中說：「同對者，若大穀、廣陵、薄雲、輕霧，此大與廣，薄與輕，
　其類是同，故謂之同對。」（臺北：學海出版社，民國 63（1974），頁 101。）

案：「禽」與「馬」，同屬鳥獸類；而「草」與「楊」，同屬草木類也。

　　橫波翻瀉淚，綠黛自生愁。（佳人）

案：「淚」與「愁」，同屬人事類

（四）異類對（集中共七次）[49]

譬如：

　　多謝劉三問消息，尚留微命作詩僧。（有懷二首之二）

案：「劉三」，屬人名類；而「微命」，屬人倫類也。

　　湘弦灑遍胭脂淚，香火重生劫後灰。（為調箏人繪像二首之一）

案：「淚」，屬人事類；而「灰」，屬天文類也。

　　忍見胡沙埋豔骨，空將清淚滴深杯。（櫻花落）

案：「豔骨」，屬人體類；而「深杯」，屬器皿類也。

　　綺陌春寒壓馬嘶。落紅狼藉印苔泥。（無題八首之六）

案：「馬」，屬鳥獸類；而「苔」，屬草木類也。

　　玳瑁窗虛延冷月，芭蕉葉卷抱秋花。（何處）

案：「月」，屬天文類；而「花」，屬草木類也。

　　舞袖傾東海，纖腰惑九州。（佳人）

案：「袖」，屬衣飾類；而「腰」，屬人體類也。

芳草天涯人似夢，碧桃花下月如煙。（芳草）

---

49 所謂異類對，根據日本弘法大師在他的《文鏡秘府論‧論對》一文中說：「異類對者，上句安天，下句安山；上句安雲，下句安微；上句安鳥，下句安花；上句安風，下句安樹。如此之類，名為異類對。非是的名對，異同此類，故言異類對。」（臺北：學海出版社，民國63（1974），頁93。）

案：「夢」，屬人事類；而「煙」，屬天文類也。

遺珠有恨終歸海，睹物思人更可悲。（東居雜詩十九首之十九）

案：「恨」，屬人事類；而「人」，屬人倫類也。

（五）事類對（集中共二次）[50]

事類，又稱用典，或曰用事。根據劉勰《文心雕龍》謂：
事類者，蓋文章之外，據事以類義，援古今以證今者也。[51]
譬如：

范滂有母終須養，張儉飄零豈是歸。（別雲上人）

案：范滂句典出《後漢書・范滂傳》，而張儉句典出《後漢書・張儉傳》。

折得黃花贈阿嬌。暗擡星眼謝王喬。（東居雜詩十九首之七）

案：阿嬌句典出《漢武帝故事》，而王喬句典出《列仙傳》。

（六）鑲嵌對（集中只一次）[52]

譬如：

搗蓮煮麝春情斷，轉綠回黃妄意賒。（何處）

案：「搗」與「煮」；而「轉」與「回」，皆鑲嵌而成之詞也。

50　所謂事類對，即上下兩句使用典故而能互相成對的意思。

51　劉勰：《文心雕龍・事類》。臺北：文史哲出版社，民國 74（1985），頁105。

52　所謂鑲嵌，根據近人黃慶萱說：「在詞語中，故意插入數目字、虛字、特定字、同義或異義字，來拉長文句的，叫做鑲嵌。」（黃慶萱：《修辭學》臺灣：三民書局印行，民國 64（1975），頁391。

　　由以上所舉各例，它們不單是字數相等，而且詞類又完全相同，這樣完美的對句，最能突顯蘇曼殊詩歌的「整齊美」。

　　劉勰有言：「張華詩稱『遊雁比翼翔，歸鴻知接翮』；劉琨詩言『宣尼悲獲麟，西狩泣孔邱。』若斯重出，即對句之駢枝也。」[53]近人王力亦云：「在對仗上有一種避忌，叫做合掌。合掌是詩文對偶意義相同的現象，事實上就是同義詞相對。」[54]試看蘇曼殊詩歌之使用對偶中，祇「芳草天涯人似夢，碧桃花下月如煙。」一首[55]，有犯「駢枝」之疵纇而已，足見蘇曼殊使用對偶之精工。

三、諧協美

劉勰曾說：

夫音律所始，本於人聲者也。聲含宮商，肇自血氣，先王因之，以制樂歌。[56]

近人黃季剛亦說：

至於調和聲律，本愜人情。觀乎琴瑟專壹，不能為聽，語言哽介，不能達懷。故絲竹有高下之均，宣唱貴清英之響。然則文詞之用，以代語言，或流弦管，焉能廢斯樂語，求諸鄙言，以調喉娛耳為非，以蹇吃冗長為是哉。[57]

53　劉勰：《文心雕龍・麗辭》。臺北：文史哲出版社印行，民國 74（1985），頁 134。
54　王力：《漢語詩律學》第一章第十五節〈對仗的講究和避忌〉。上海：上海教育出版社，1962，頁 180。
55　詩句見〈芳草〉一首。
56　劉勰：《文心雕龍・聲律》。臺北：文史哲出版社，民國 74（1985），頁 105。
57　語見黃侃：〈書後漢書論贊〉一文，轉載自張仁青：《魏晉南北朝文學思想史》上（臺灣：文史哲出版社，民國 67 年 12 月初版），頁 82。

由以上兩家所言,可知爲文尚且重視聲律之理,更何況詩歌。

蘇曼殊詩歌,自然流暢,宮商得宜,論者亦多有讚譽,柳亞子（1887-1958）在《蘇曼殊之我觀》中說:

他的詩好在思想的輕靈、文辭的自然、音節的和諧。[58]

劉斯奮在《蘇曼殊詩箋注‧前言》亦說:

筆力剛健,音節蒼涼……而不管抒發什麼樣的感情,都始終保持著一種優美、和諧的基調,使人彷彿在欣賞著一首輕音樂。[59]

高仲華先生嘗說:

重疊,常常使文辭的聲音和美。[60]

又說:

促使文辭的聲音和美,最要緊的還是聲音的各種基本條件的錯綜;而平仄的錯綜和雙聲、疊韻的錯綜,尤為重要。[61]

以下便從「雙聲疊韻」、「疊字」、「陰陽平聲字互用」及「上去聲字連用」等四方面談論蘇曼殊詩歌的「諧協美」。

（一）雙聲疊韻

劉彥和曾說:「凡聲有飛沉,響有雙疊。」[62]所謂「雙疊」,即指字之雙聲疊韻。凡兩字聲母相同而韻母不同連成一詞的,謂

58 柳亞子:《蘇曼殊研究》。上海:上海人民出版社,1987 年,頁 344。
59 劉斯奮:《蘇曼殊詩箋注》。廣東:人民出版社,1981 年,頁 10-14。
60 高明:《高明文輯》下冊〈論聲律〉一文。臺北:黎明文化事業公司,民國 67（1978）,頁 436。
61 高明:《高明文輯》下冊〈論聲律〉一文。臺北:黎明文化事業公司,民國 67（1978）,頁 437。
62 劉勰:《文心雕龍‧聲律第三十三》。臺北:文史哲出版社,民國 74（1985）,頁 105。

之雙聲；凡兩字韻母相同而聲母不同連成一詞的，謂之疊韻。近人林尹亦說：「發音相同之字，謂之『雙聲』……古稱收音相同者，謂之『疊韻』。」[63]由於漢語中有單音及複音詞結構，複音詞以兩字詞爲大多數，聯綿詞是以兩字連舉而成一義，其構成爲雙聲詞或疊韻詞，故聯綿詞亦有雙聲疊韻之合稱。因漢字之音節部份以發聲及收音完成，雙聲字指兩字之發聲部份相同，即同聲母；疊韻字指兩字之收音部份相同，即同韻母。

　　劉勰《文心雕龍》又謂：「聲轉於物，玲玲如振玉；辭靡於耳，累累如貫珠矣。」[64]可見詩中使用聯綿字，不獨可以增強語言之表達效果與感染能力，更可使口吻調和以增加聲調的美聽。故自來文學作品如《詩經》、《楚辭》、漢魏六朝詩歌、唐宋詩詞，多所運用雙聲疊韻字。

　　試檢閱蘇曼殊的詩歌，句中使用相同之聲紐或韻目者，共有七十次，其中：雙聲字連用者共四十三次，而疊韻字連用者共二十七次。現分八項舉例說明其使用技巧方式如下[65]：

1.單句雙聲[66]

集中屬於此種者，共三十次，如：

　　踏海魯連不帝秦。茫茫煙水著浮身。（以詩並畫留別湯國

63　林尹：《中國聲韻學通論》。臺北：世界書局，民國 70（1981），頁 17-49。
64　劉勰：《文心雕龍‧聲律第三十三》。臺北：文史哲出版社，民國 74（1985），頁 105。
65　使用雙聲字共三十三組四十三次，其中使用一次的，共二十五組：魯連、零落、掩映、收拾、琵琶、生綃、色相、冥莫、九關、恒河、憔悴、金莖、迢遞、鴛鴦、繚亂、姮娥、明滅、哀怨、傾國、煙雨、相思、飄泊、芬芳、容與、山色。
66　至於本文所論雙聲疊韻字，是依據下列二書：
　　（1）林尹：《中國聲韻學通論》。臺灣：世界書局出版，民國 70（1981）。
　　（2）郭錫良：《漢字古音手冊》。北京：大學出版社，1986。

頓二首之一）

多謝劉三問消息，尚留微命作詩僧。（有懷二首之二）

收將鳳紙寫相思，莫道人間總不知。（集義山句懷金鳳）

終日對凝妝，掩映萬荷柄。（莫愁湖寓望）

禪心一任蛾眉妒，佛說原來怨是親。（寄調箏人三首之一）

秋風海上已黃昏，獨向遺編吊拜輪。（題《拜輪集》）

江南春已晚，淑景付冥莫。（耶婆提病中，末公見示新作，
伏枕奉答，兼呈曠處士）

九關日已遠，肝膽竟誰托。（耶婆提病中，末公見示新作，
伏枕奉答，兼呈曠處士）

恒河去不息，悲風振林薄。（耶婆提病中，末公見示新作，
伏枕奉答，兼呈曠處士）

來醉金莖露，胭脂畫牡丹。（柬法忍）

莫道橫塘風露冷，殘荷猶自蓋鴛鴦。（無題八首之五）

棠梨無限憶秋千。楊柳腰肢最可憐。（無題八首之七）

春色總憐歌舞地，萬花繚亂為誰開。（吳門依易生韻十一
首之六）

故國已隨春日盡，鷓鴣聲急使人愁。（吳門依易生韻十一
首之十）

日暮有佳人，獨立瀟湘浦。（為玉鸞女弟繪扇）

自是神仙淪小謫，不須惆悵憶芳容。（偶成）

可憐羅帶秋光薄，珍重蕭郎解玉鈿。（芳草）

相逢莫問人間事，故國傷心只淚流。（東居雜詩十九首之二）

明珠欲贈還惆悵，來歲雙星怕引愁。（東居雜詩十九首之四）

鞦韆院落月如鉤，為愛花陰懶上樓。（東居雜詩十九首之六）

猛憶定庵哀怨句，三生花草夢蘇州。（東居雜詩十九首之九）

銀燭金杯映綠紗，空持傾國對流霞。（東居雜詩十九首之十）

為向芭蕉問消息，朝朝紅淚欲成潮。（東居雜詩十九首之十二）

況是異鄉兼日暮，疏鐘紅葉墜相思。（東居雜詩十九首之十三）

槭槭秋林細雨時，天涯飄泊欲何之。（東居雜詩十九首之十四）

蘭蕙芬芳總負伊，並肩攜手納涼時。（東居雜詩十九首之十五）

扁舟容與知無計，兵火頭陀淚滿樽。（東居雜詩十九首之十八）

珍重嫦娥白玉姿，人天攜手兩無期。（東居雜詩十九首之十九）

2.單句雙聲而疊用者

集中屬於此種者，只一次，如：

收拾禪心侍鏡臺。沾泥殘絮有沉哀。（為調箏人繪像二首之一）

3.單句疊韻

集中屬於此種者，共十九次，如：

江頭青放柳千條，知有東風送畫橈。（花朝）

五里徘徊仍遠別，未應辛苦為調箏。（調箏人將行，屬繪《金粉江山圖》，題贈二絕之二）

胡姬善解離人意，笑指芙蕖寂寞紅。（遊不忍池示仲兄）

誰贈師梨一曲歌，可憐心事正蹉跎。（題《師梨集》）

琅玕欲報何從報，夢裏依稀認眼波。（題《師梨集》）

孤燈引夢記朦朧，風雨鄰庵夜半鐘。（過若松町有感）

誰知北海吞氈日，不愛英雄愛美人。（落日）

勸我加餐飯，規我近綽約。（耶婆提病中，末公見示新作，伏枕奉答，兼呈曠處士）

軟紅簾動月輪西，冰作闌杆玉作梯。（無題八首之三）

羅幕春殘欲暮天，四山風雨總纏綿。（無題八首之八）

碧城煙樹小彤樓，楊柳東風系客舟。（吳門依易生韻十一首之十）

白水青山未盡思，人間天上兩霏微。（吳門依易生韻十一首之十一）

羅襦換罷下西樓，豆蔻香溫語不休。（東居雜詩十九首之三）

碧欄杆外夜沈沈，斜倚雲屏燭影深。（東居雜詩十九首之五）

翡翠流蘇白玉鉤，夜涼如水待牽牛。（東居雜詩十九首之十六）

莫怪東風無賴甚，春來吹發滿庭花。（晨起口占）

4.單句疊韻錯綜

集中屬於此種者，只一次，如：

碧闌杆外遇嬋娟。故弄雲鬟不肯前。（碧闌杆）

5.上下句雙聲錯綜

集中屬於此種者，共三次，如：

懺盡情禪空色相，琵琶湖畔枕經眠。（寄調箏人三首之二）

多謝素書珍重意，恰儂憔悴不如人。（步韻答雲上人三首之二）

寄語麻姑要珍重，鳳樓迢遞燕應迷。（無題八首之三）

6.上下句疊韻錯綜

集中屬於此種者，共二次，如：

姑蘇台畔夕陽斜，寶馬金鞍翡翠車。（吳門依易生韻十一
首之四）

滇邊山色俱無那，迸入滄浪潑墨來。（題蔡哲夫藏擔當《山
水冊》）

7.單句雙聲疊韻錯綜

集中屬於此種者，只一次，如：

送卿歸去海潮生，點染生綃好贈行。（調箏人將行，屬繪
《金粉江山圖》，題贈二絕之二）

8.上下句雙聲疊韻錯綜

集中屬於此種者，共四次，如：

流螢明滅夜悠悠，素女嬋娟不耐秋。（東居雜詩十九首之二）

誰知詞客蓬山里，煙雨樓臺夢六朝。（東居雜詩十九首之
十一）

六幅瀟湘曳畫裙，燈前蘭麝自氤氳。（東居雜詩十九首之
十八）

從以上詩句可知，蘇曼殊的詩歌，喜歡使用雙聲字及疊韻字
錯綜在裏面，所以讀來聲音特別顯得諧美，悅耳動聽。而且整首
詩都是適量的使用，因爲雙聲疊韻的字用多了，便是病。譬如陸
龜蒙的〈雙聲溪上思〉，通首多用雙聲字，我們讀來，多少覺得
聲音有些不太自然[67]。又如他的〈疊韻山中吟〉，通首多用疊韻

---

67 陸龜蒙的〈雙聲溪上思〉：「溪空唯容雲，木密不隙雨。迎漁隱映間，安
問謳鴉木虜。」案：「唯、容、雲」皆喻母字；「迎、漁」皆疑母字；「隱、
映」皆影母字；「安、謳、鴉」皆影母字。

字，我們讀來，多少亦覺得聲音有些彆扭[68]。這兩首詩，如果不是有平仄、陰陽、等呼、清濁種種條件的錯雜，恐怕更要讀不上口了[69]。同時，集中使用相同的雙聲字及疊韻字極不多，足見其匠心獨運之妙。[70]

（二）疊　字

疊字亦曰重言，蓋累疊相同之字，以為一語。劉彥和文心雕龍有云：「灼灼狀桃花之鮮，依依盡楊柳之貌，杲杲為日出之容，瀌瀌擬雨雪之狀，喈喈逐黃鳥之聲，喓喓學草蟲之韻，並以少總多，情貌無遺矣。」[71]推而論之：詩人所以喜用疊字，期能藉以令詞句搖曳生姿，形容生動，意境傳神，語氣纏綿而聲調諧和者也。

蘇曼殊的詩歌，使用疊字共二十三次，而使用疊字之技巧，則有以下四種，舉例如下：[72]

1.用於句首（共五次）

踏海魯連不帝秦。茫茫煙水著浮身。

（以詩並畫留別湯國頓二首之一）

遠遠孤飛天際鶴，雲峰珠海幾時還。

68　陸龜蒙的〈疊韻山中吟〉：「瓊英輕明生，石脈滴瀝碧。玄鉛山偏憐，白幘客亦惜。」案：第一句五字皆庚韻；第二句「石、瀝」二字皆緝韻，「脈」屬陌韻，「滴」屬錫韻，「碧」屬質韻，韻亦相近；第三句除「山」屬刪韻外，餘四字皆先韻；第四句除「幘」屬緝韻外，餘四字皆陌韻。

69　高明：《高明文輯》下冊〈論聲律〉。臺北：黎明文化事業股份有限公司，民國67（1978），頁438。

70　詳見孟子《孟子‧萬章篇下》。

71　劉勰：《文心雕龍‧物色》。臺北：文史哲出版社，民國74（1985），頁302。

72　凡疊字俱為相同之字。

（久欲南歸羅浮不果，因望不二山有感，聊書所懷，寄二兄廣州，兼呈晦聞、哲夫、秋枚三公滬上）

日日思卿令人老，孤窗無那正黃昏。（寄調箏人三首之三）

為向芭蕉問消息，朝朝紅淚欲成潮。（東居雜詩十九首之十二）

槭槭秋林細雨時，天涯飄泊欲何之。（東居雜詩十九首之十四）

2.用於句中（共八次）

易水蕭蕭人去也，一天明月白天霜。（以詩並畫留別湯國頓二首之二）

華嚴瀑布高千尺，未及卿卿愛我情。（本事詩十首之五）

袈裟點點疑櫻瓣，半是脂痕半淚痕。（本事詩十首之八）

月華如水浸瑤階。環佩聲聲擾夢懷。（吳門依易生韻十一首之三）

卻下珠簾故故羞，浪持銀臘照梳頭。（東居雜詩十九首之一）

可憐十五盈盈女，不信盧家有莫愁。（東居雜詩十九首之八）

舊廂風月重相憶，十指纖纖擘荔枝。（東居雜詩十九首之十五）

齋罷垂垂渾入定，庵前潭影落疏鐘。（住西湖白雲禪院作此）

3.用於句末（共八次）

好花零落雨綿綿，辜負韶光二月天。（春日）

小樓春盡雨絲絲，孤負添香對語時。（代柯子東少侯）

建業在何許，胡塵紛漠漠。（耶婆提病中，末公見示新作，伏枕奉答，兼呈曠處士）

今日圖成渾不似，胭脂和淚落紛紛。（以胭脂為某君題扇）

平原落日馬蕭蕭。剩有山僧賦大招。（吳門依易生韻十一首之九）

人間花草太匆匆。春未殘時花已空。（偶成）

流螢明滅夜悠悠。素女嬋娟不耐秋。（東居雜詩十九首之二）

碧欄杆外夜沉沉。斜倚雲屏燭影深。（東居雜詩十九首之五）

4.用於上下兩句（只一次）

孤村隱隱起微煙，處處秧歌競插田。（澱江道中山占）

至於以上各組的疊字，其效用則有以下三種：

（1）言情意（集中共九次）

踏海魯連不帝秦。茫茫煙水著浮身。

（以詩並畫留別湯國頓二首之一）

案：茫茫，本指迷漫，蘇曼殊藉以寫自己四海飄零，前路茫茫的生活處境。

齋罷垂垂渾入定，庵前潭影落疏鐘。（住西湖白雲禪院作此）

案：垂垂，漸漸也。此指僧人默坐，心不馳散，漸漸進入禪定狀態。

日日思卿令人老，孤窗無那正黃昏。（寄調箏人三首之三）

案：此指日日為了思念調箏人而令到顏容衰老。

華嚴瀑布高千尺，未及卿卿愛我情。（本事詩十首之五）

案：卿卿，古時男子對女子的昵稱，此指百助。此句指百助愛己之情深也。

孤村隱隱起微煙。處處秧歌競插田。（澱江道中山占）

案：此句指處處都看見農夫一面插秧一面唱歌的喜悅心情。

今日圖成渾不似，胭脂和淚落紛紛。（以胭脂為某君題扇）

案：此句指蘇曼殊含著淚水和著胭脂作畫，帶出他飽含悲傷

的心情。

　　卻下珠簾故故羞，浪持銀臘照梳頭。（東居雜詩十九首之一）

　　案：故故，頻頻也。此句指女子放下用珠子串成的簾子時，頻頻羞人答答。

　　可憐十五盈盈女，不信盧家有莫愁。（東居雜詩十九首之八）

　　案：盈盈，美好貌。此句指女子的姿容美好也。

　　為向芭蕉問消息，朝朝紅淚欲成潮。（東居雜詩十九首之十二）

　　案：此句指女子朝朝流淚，幾乎變成江潮也。

（2）摹物態（集中共十一次）

　　好花零落雨綿綿，辜負韶光二月天。（春日）

　　案：此句形容雨水綿綿不絕地落下也。

　　遠遠孤飛天際鶴，雲峰珠海幾時還。（久欲南歸羅浮不果，因望不二山有感，聊書所懷，寄二兄廣州，兼呈晦聞、哲夫、秋枚三公滬上）

　　案：此句形容孤鶴飛向遠遠的天邊。

　　袈裟點點疑櫻瓣，半是脂痕半淚痕。（本事詩十首之八）

　　案：此句形容身上的袈裟一點一點，恰似瓣瓣的櫻花。

　　小樓春盡雨絲絲，孤負添香對語時。（代柯子東少侯）

　　案：此句形容雨水像絲線那樣細小。

　　孤村隱隱起微煙，處處秧歌競插田。（澱江道中山占）

　　案：此句形容孤村隱約可見。

　　建業在何許，胡塵紛漠漠。（耶婆提病中，末公見示新作，伏枕奉答，兼呈曠處士）

　　案：此句形容帝國主義列強的紛紛侵略也。

人間花草太匆匆，春未殘時花已空。（偶成）

案：此句形容花草凋謝很快。

流螢明滅夜悠悠，素女嬋娟不耐秋。（東居雜詩十九首之二）

案：悠悠，指漫長，此句形容長夜漫漫也。

碧欄幹外夜沉沉，斜倚雲屏燭影深。（東居雜詩十九首之五）

案：沉沉，深深也。此句形容夜已深深。

槭槭秋林細雨時，天涯飄泊欲何之。（東居雜詩十九首之十四）

案：槭槭，樹枝光禿的樣子。此句形容光禿的樹枝，正被細細的秋雨灑著。

舊廂風月重相憶，十指纖纖擘荔枝。（東居雜詩十九首之十五）

案：此句形容女子的十指纖幼也。

（3）諧聲響（集中共三次）

易水蕭蕭人去也，一天明月白天霜。（以詩並畫留別湯國頓二首之二）

案：蕭蕭，象聲詞，此指寒風的聲音。

月華如水浸瑤階，環佩聲聲擾夢懷。（吳門依易生韻十一首之三）

案：此指環佩的聲音不斷的擾亂自己的夢境。

平原落日馬蕭蕭，剩有山僧賦大招。（吳門依易生韻十一首之九）

案：蕭蕭，象聲詞，此指馬鳴的聲音。

從上分析，顯示了蘇曼殊對疊字能夠靈活的運用[73]，使人誦之皆能若行雲流水，聞之如金聲玉振，視之似明霞散綺，極其和美。明代楊慎曾在他的《升庵詩話》中說：「詩用疊字最難下，唯老杜用之獨工。」申鳧盟亦說：「杜詩善用疊字……皆非意想所及。」其實，蘇曼殊在這方面是不遑多讓的。

（三）陰陽平聲字連用

中國詩歌的音調編排，以平仄二聲為基調，而平聲又須注意陰陽之分，此種要求，在李重華（1682－1754）的《貞一齋詩話》中已有提及：

就平聲，又須審量陰陽清濁。[74]

曼殊詩，句中凡二平聲相連者，共四百二十五組，其中陰平陽平連用者，多達二百一十二組，如：

萬戶千門盡劫灰，胡姬含笑踏青來。

今日已無天下色，莫牽麋鹿上蘇台。（吳門依易生韻之五）

案：詩中二平聲相連者共三組 ──「千門」、「胡姬」及「蘇台」，均能陰陽平互用。

又如：

海天空闊九皋深，飛下松間聽鼓琴。

明日飄然又何處，白雲與爾共無心。（題畫）

案：詩中二平聲相連者共三組 ──「松間」、「飄然」及「無心」，均能陰陽平互用。

---

73 集中使用二十三次疊字中，除蕭蕭、沈沈二組疊用兩次之外，其餘皆只疊用一次。

74 丁福保（1874-1952）編：《清詩話》。上海：古籍出版社，1987，頁 934。

收拾禪心侍鏡臺，沾泥殘絮有沉哀。

湘弦灑遍胭脂淚，香火重生劫後灰。（為調箏人繪像二首
之一）

案：詩中二平聲相連者共六組，而「禪心」、「沾泥」、「沈
哀」、「湘弦」及「重生」等五組，均能陰陽平互用。

烏舍淩波肌似雪，親持紅葉索題詩。

還卿一缽無情淚，恨不相逢未剃時。（本事詩十首之六）

案：詩中二平聲相連者共六組，而「淩波」、「親持」、「題
詩」、「還卿」及「相逢」等五組，均能陰陽平互用。

佳人名小品，絕世已無儔。橫波翻瀉淚，綠黛自生愁。

舞袖傾東海，纖腰惑九州。傳歌如有訴，餘轉雜箜篌。（佳
人）

案：詩中二平聲相連者共七組，而「佳人」、「橫波」、「生
愁」、「傳歌」及「箜篌」等五組，均能陰陽平互用。

人間天上結離憂，翠袖凝妝獨倚樓。

淒絕蜀楊絲萬縷，替人惜別亦生愁。（東居雜詩十九首之
十七）

案：詩中二平聲相連者共四組 ——「人間」、「離憂」、「凝
妝」及「生愁」等，均能陰陽平互用。

竊考曼殊詩作中，兩陰平連用共一一〇組，其中有屬疊字者
九組[75]；有屬疊韻者七組[76]；有屬雙聲者十八組[77]；兩陽平連用共

---

75 譬如：蕭蕭（2）、卿卿、絲絲、紛紛、聲聲、匆匆、朝朝、纖纖。

76 譬如：依稀、燈昏、姑蘇、飄蕭、東風（2）、氤氳。

77 譬如：相思（2）、傷心（6）、仙山、三山、三生、金莖、鴛鴦、秋千（2）、
瀟湘（2）、芬芳。

一百零三組，其中有屬疊字者六組[78]；有屬疊韻者八組[79]；有屬雙聲者五組[80]。換言之，詩作中兩平連用而未能陰陽平調諧者，實得一百六十組，約佔全集百分之三十七，故其詩作的諧協美頗強。

（四）上去聲字連用

我國字聲，可分為平、上、去、入四聲。平謂之平，上去入三聲總謂之仄。大抵人情有喜怒哀樂之殊，字音因有浮切輕重之異，故能使四聲善為運用，則言者分明，聽者愉快，而吟哦朗誦，尤見鏗鏘[81]。四聲之於詩，自有其自然之妙用。李重華在他的《貞一齋詩話》中曾討論到仄聲輪用的原則：

> 同一仄聲，須細分上、去、入……。[82]

夏承燾亦說：

> 上去二聲，歌法不同，去聲由高而低，上聲由低而高。故必「上去」或「去上」連用，乃有纍纍貫珠之妙。

今統計曼殊詩中二仄相連之詞共三百九十二組[83]，其中：上去連用者五十組，去上連用者六十七組[84]，約佔全集百分之三十。

78　譬如：茫茫、垂垂、綿綿、悠悠、沈沈、盈盈。
79　譬如：徘徊、樓頭、無殊、芙渠、誰眉、朦朧、纏綿、靡微。
80　譬如：琵琶、黃昏、恒河、回黃、姮娥。
81　韋金滿：《柳蘇週三家詞之聲律比較研究》第四章。臺灣：天工書局，民國 86（1997），頁 274。
82　丁福保（1874-1952）編：《清詩話》。上海：古籍出版社，1987，頁 934。
83　朱少璋統計曼殊詩中二仄相連之詞共五百二十五組，似有商榷之處。（朱少璋：《蘇曼殊散論》。香港：下風堂文化事業，1994 年 12 月第一版，頁 53。）
84　他如：兩上連用者三十二組，上入連用者二十八組，兩去連用者四十二組，去入連用者四十六組，入上連用者三十七組，入去連用者五十七組，兩入連用者三十三組。

譬如：

　　淡掃蛾眉朝畫師，同心華鬘結青絲。

　　一杯顏色和雙淚，寫就梨花付與誰。（為調箏人繪像二首之二）

　案：詩中二仄相連之詞共三組，全為上去或去上連用。其中：「淡掃」、「寫就」二組為上去連用；「付與」則為去上連用。

　　棠梨無限憶鞦韆，楊柳腰肢最可憐。

　　縱使有情還有淚，漫從人海說人天。（無題八首之七）

　案：詩中二仄相連之詞共三組，全為上去或去上連用。其中：「有淚」為上去連用；「最可」、「縱使」二組則為去上連用。

　　何處停儂油壁車，西泠終古即天涯。

　　搗蓮煮麝春情斷，轉綠回黃妄意賒。

　　玳瑁窗虛延冷月，芭蕉葉卷抱秋花。

　　傷心怕向妝台照，瘦盡朱顏只自嗟。（何處）

　案：詩中二仄相連之詞共八組，其中：「煮麝」、「妄意」、「玳瑁」三組為上去連用；「瘦盡」、「只自」二組則為去上連用。

　他如：

　　湘弦灑遍胭脂淚，香火重生劫後灰。（為調箏人繪像二首之一）

　　何心描畫閑金粉，枯木寒山滿故城。（調箏人將行，屬繪《金粉江山圖》，題贈二絕之一）

　　我再來時人已去，涉江誰為采芙蓉？（過若松町有感）

　　遠行戀儔侶，此志常落拓。（耶婆提病中，末公見示新作，伏枕奉答，兼呈曠處士）

　　空山流水無人跡，何處娥眉有怨詞。（東居雜詩十九首之
十四）

　　蘭蕙芬芳總負伊，並肩攜手納涼時。（東居雜詩十九首之
十五）

案：詩中二仄相連之詞，皆爲上去連用。

　　知否玉樓春夢醒，有人愁煞柳如煙。（春日）

　　海天空闊九皋深，飛下松間聽鼓琴。（題畫）

　　淚眼更誰愁似我，親前猶自憶同人。（憶劉三、天梅）

　　漁郎行入深林處，輕叩柴扉問起居。（遲友）

　　胭脂湖畔紫騮驕，流水棲鴉認小橋。（東居雜詩十九首之
十二）

案：詩中二仄相連之詞，皆爲去上連用。

以上詩句，凡二仄相連用上去或去上者，讀來極爲和諧悅耳。
大抵上去二聲歌法稍異，上聲腔高而去聲腔低，一高一低，音節
極盡抑揚之致[85]。現綜合列表如下，以證曼殊使用仄聲字之梗概：

項　　目	兩上連用	上去連用	上入連用	去上連用	兩去連用	去入連用	入上連用	入去連用	兩入連用	總　　計
組　　次	32組	50組	28組	67組	42組	46組	37組	57組	33組	392組
百分比	8.2%	12.8%	7.1%	17.1%	10.7%	11.8%	9.4%	14.5%	8.4%	100%

從上表統計，可知曼殊詩中兩仄聲相連的，輪用三聲者佔大
多數，正合李重華所說輪用上、去、入的法則。[86]

---

85 韋金滿：《柳蘇週三家詞之聲律比較研究》第四章。臺灣：天工書局，民
　　國 86（1997），頁 274。
86 丁福保：（1874-1952）編：《清詩話》。上海：古籍出版社，1987，頁 934。

四、結　語

　　蘇曼殊的詩歌風格獨特，蘊含中西藝術，婉轉迴旋、情真意真。他的詩情文並舉，意境深遠、情景交融，詩中有畫。禪學對曼殊詩作影響甚大，其詩往往反映禪的空靈，故其詩受評價頗高，王德鐘在《燕子龕詩序》說：「曠觀海內，清豔明雋之才，若曼殊者，殊未有匹焉。」郭沫若說：「蘇曼殊的詩歌很清新」。柳亞子言：「曼殊的思想是沒有系統的……在文學和藝術上，卻都有相當的天才，不可磨滅……。」誠非虛語。